EMILIO SANTIAGO MUÍÑO

VIDA DE RICOS

POSCRECIMIENTO Y LUJO COMUNAL

¿ES POSIBLE?

Primera edición, julio de 2025
Primera reimpresión, septiembre de 2025

© de la edición, Lengua de Trapo y Círculo de Bellas Artes
  Calle Alcalá, 42
  28014 Madrid

Colección ¿Es posible?
Diseño de colección y cubierta: Ana Nuño
Maquetación: Elena Iglesias Serna
Impreso en España por Kadmos

www.lenguadetrapo.com
www.circulobellasartes.com

ISBN: 978-84-8381-310-2
Depósito legal: M-14570-20

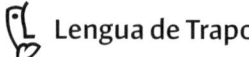 

A Marcos Lautaro; que me recuerda todos los días por qué no vamos a fallar.

También a Ibai, Mauro, Ero, Adriana, Iago, Elem, Julia, Sabina, Abril, Leo, Alejandro, Unai, Yago…

Para que el lujo comunal sea vuestra normalidad.

ÍNDICE

Yo puedo ofrecerte una vida muy interesante
Pero depende para ti qué es interesante
Si estás pensando en discotecas, carros y diamantes
Entonces puede que pa ti sea insignificante
No es vida de rico
Pero se pasa bien rico
Vida de rico, Camilo (2020)

1. CÓMO VIVIMOS Y CÓMO PODRÍAMOS VIVIR EN EL ANTROPOCENO

¿Es posible vivir mejor dentro de los límites planetarios?

«Cómo vivimos y cómo podríamos vivir». William Morris titulaba así uno de los escritos más fascinantes del socialismo del siglo XIX. Casi ciento cuarenta años después, la pregunta de Morris continúa vigente. Quizá con más fuerza. En 2025 nos sigue desgarrando una brecha cruel entre las miserias del presente y las riquezas de lo posible.

Pero a diferencia de los socialistas decimonónicos, nosotros no solo estamos desmereciendo nuestras mejores promesas. También estamos contribuyendo a ese desastre ecológico que la palabra antropoceno condensa, y que puede arruinar para siempre el horizonte de la emancipación humana. Un término cuestionado porque difumina las responsabilidades del ecocidio, muy desigualmente repartidas. Pero asimismo exacto porque, a diferencia de algunas alternativas como capitaloceno, señala mejor nuestra situación disruptiva. Lo mal que esta encrucijada encaja en las inercias analíticas de la vieja izquierda. Y es que lo que nunca había enfrentado la humanidad es el reto de actuar en el tiempo histórico, unas pocas generaciones, para evitar consecuencias en el tiempo geológico: una trayectoria Tierra Invernadero que vuelva amplias franjas de nuestro planeta inhabitables. Si no cerramos rápidamente esa brecha entre cómo vivimos y cómo podríamos vivir, el proyecto emancipador moderno tendrá un final seguro: hundirse en un *zeitgeist* hobbesiano. Un escenario de lucha atroz por recursos y espacio ambiental, bajo el retorno de una desigualdad extrema, y con el telón de fondo de un clima caótico en un planeta esquilmado.

Además, en el siglo XXI hemos perdido la pulsión utópica, sin la cual no se puede entender una pregunta como la de Morris. Como afirma Xan López, la peor crisis en el peor momento (López, 2024). Justo cuando debemos protagonizar las transformaciones más colosales de la historia, la premisa central que acompañó la aventura socialista durante dos siglos se ha debilitado hasta casi desaparecer: no confundir lo real con lo que existe. Hoy Margaret Thatcher, el cine de Hollywood y el ecologismo colapsista comparten un mismo presupuesto: asumir que no hay alternativa. La victoria antropológica neoliberal ha supuesto un imparable devenir distópico de las narrativas con las que proyectamos el mañana. Los vasos comunicantes son claros. Por cada Ursula K. Le Guin hay diez guionistas de series como *The Walking Dead*.

El catastrofismo es una actitud moralmente inútil y políticamente contraproducente. Pero no está injustificada. En los últimos años, la ciencia del clima parece una suscripción a un boletín de malas noticias. La crisis climática se está acelerando. Aun con un calentamiento bajo para lo que puede llegar a suceder, los impactos se multiplican y se intensifican. En paralelo, nuestro presupuesto de carbono se agota: según el sexto informe del IPCC, al ritmo actual de emisiones, el margen para no superar los 1,5 ° lo agotaremos en 2030. Y el de los 2 ° en 2045. Y aunque la curva de emisiones comienza a aplanarse gracias a la descarbonización del sistema eléctrico, especialmente impresionante en China (una noticia fabulosa, poco celebrada por el ecologismo), sin duda estamos llegando tarde y vamos lentos. El segundo mantado de Donald Trump como presidente de Estados Unidos, que puede suponer la muerte del objetivo de los 1,5 ° si logra desplegar su anunciado impulso a los combustibles fósiles, añade si cabe mucha más presión a una contrarreloj en la que ya íbamos extremadamente ajustados.

Además, el clima es solo una de las muchas expresiones de la desestabilización autoinducida de nuestro régimen ecológico-material. Según el Instituto de Resiliencia de Estocolmo, seis de los nueve límites planetarios que su metodología evalúa han sido ya sobrepasados, y ejercemos una presión creciente sobre los otros tres. Sabemos que la biocapacidad de carga de la Tierra fue superada en los años ochenta y hoy consumimos recursos recurriendo a un crédito imposible de pagar. Como si contáramos con la capacidad de regeneración de otro planeta extra.

Hemos entrado en territorio desconocido para la especie humana. Nuestros hijos crecen en un mundo más hostil que el de sus abuelos, y todo puede empeorar mucho. No hay duda de que el siglo XXI será una enorme prueba de estrés ecológico para sociedades ya muy tensionadas por la desigualdad, la precariedad y la violencia. Superarla pasa por desescalar el peso y el tamaño de la dimensión material de la antroposfera.

Hace unos años cerraba un libro, *Rutas sin mapa*, con la siguiente afirmación: «en el siglo XXI, el dilema es transparente: o el genocidio en defensa de la eterna adolescencia, o los votos colectivos de lujosa pobreza» (2016, p. 139). Lujosa pobreza es un oxímoron poético sugerente, aunque quizá poco apto para la batalla política: demasiada gente sufre la violencia deshumanizante de la pobreza, o tiene el recuerdo de sus efectos en la memoria viva de sus familias, para que la palabra pobreza pueda ser una bandera de mayorías. En la historia del ecologismo esta idea ha conocido muchas denominaciones, ninguna con demasiado éxito: abundancia frugal (Latouche), economía budista (Schumacher), vivir bien con menos (Riechmann). Probaré aquí a resignificar en clave ecologista ese bello propósito del imaginario de la Comuna de París: el lujo comunal. Que como ha documentado Kristin Ross (2016), la Federación de Artistas de la Comuna propuso para enriquecer la vida popular mediante la socialización del arte y la cultura.

Lo que estos términos buscan señalar es un marco institucional, y un horizonte de deseo, en el que cierta contención del consumo, ecológicamente imprescindible, sea compatible con una expansión de la felicidad. En palabras de Hartmut Rosa (2019), una sociedad que facilite las experiencias de resonancia con un impacto ecológico bajo. Para Rosa, la resonancia es lo contrario a la alienación: el carácter logrado del vínculo con el mundo y con los demás. Un proceso en el que nuestra relación con la realidad deja de ser muda o repulsiva y se vuelve vibrante, responsiva, significativa. Un hilo libidinal que se despliega mediante una asimilación transformadora de lo que existe.

Los contenidos del lujo comunal ecologista, los ejes de resonancia que nos permitirán vivir mejor dentro de los límites planetarios, son fáciles de imaginar si hacemos abstracción del camino político que conduciría a esa meta: el amor, los vínculos comunitarios o familiares, el arte de la amistad, los cuidados como una experiencia de sentido, la asociatividad para el esfuerzo o el disfrute colectivo, el juego en común, la fiesta y sus ebriedades, el humor, la música, el baile, la creatividad en todas sus formas, el tiempo libre y la pereza, el sueño, la aventura de la sexualidad, la gastronomía, el deporte, la curiosidad investigadora, la búsqueda de trascendencia... todas ellas actividades con un alto potencial para provocar resonancia. Y que además no exigen una huella ecológica o energética creciente. Al revés: se trata de fenómenos que podrían florecer si pudiéramos liberarnos del frenesí patológico de la acumulación de capital y su cara b indisociable: una relación bulímica con el ciclo trabajo-consumo. La prehistoria de la humanidad, que decía Marx, envuelve nuestro goce: la plenitud sigue siendo un mar futuro en el que apenas nos hemos mojado los pies. El ajuste ecológico del siglo XXI no impugna esta magnífica apuesta. Solo nos obliga a repensarla.

Lujo exterminista y lujo comunal: matar o compartir, el dilema del siglo

La del buen vivir no es una pregunta nueva. Se trata exactamente de lo contrario: una pregunta perenne, arraigada en lo menos transitorio de la condición humana. Que nunca encontrará una respuesta definitiva. De entrada, porque somos animales con una baja carga instintiva, a los que la biología no dota de manual de instrucciones. Pero especialmente porque nuestros mundos culturales son polisémicos, ambivalentes, contradictorios, sujetos a muchas interpretaciones posibles y combinaciones distintas. Su variabilidad aumenta porque están atravesados por el conflicto y las relaciones de poder, que son fuentes seguras de dinamismo. Y además la cultura humana está abierta a la novedad radical de una rapidísima evolución. Cualquier intento de decretar una vida buena oficial, como una foto fija, será un tic autoritario destinado al fracaso. Uno de los aportes más reivindicables del liberalismo político fue dejar abierta la respuesta a la pregunta por la vida buena y a la vez salvaguardar el derecho a buscarla de manera autónoma.

Sin embargo, dentro de las muchas polémicas que han llenado la historia de la filosofía en pos de definir una vida buena (espiritualismo frente a materialismo; hedonismo de la satisfacción frente al eudemonismo de las metas alcanzadas; realización de potencialidades frente a adecuación ante las circunstancias) hay una por la que el proyecto emancipador toma partido: la vida buena no puede ser nunca reducida a la pura preservación biológica.

«El pan y las rosas», decían las sufragistas estadounidenses. «Queremos un mundo donde no morir de hambre no implique morir de aburrimiento» pintaban los estudiantes inspirados por la Internacional Situacionista en las paredes de la Sorbona durante el mayo de 1968. La brújula que no debemos perder apunta hacia este norte: la emancipación es una promesa que busca dejar atrás el reino de la necesidad para sumergirse en lo excesivo. Que quiere dotarnos de las condiciones institucionales de libertad y autonomía material para explorar nuestra disposición a la pasión, al placer, a la exuberancia vital, a la belleza, a la sensualidad, a la autotransformación personal y colectiva, a la plenitud que aún no existe.

Podemos categorizar todos estos impulsos humanos bajo el término *necesidad* ampliando su significado original. Pero sin duda encajan mejor en el campo del deseo: aspiraciones sofisticadas cuya satisfacción no es esencial para el mantenimiento de la nuda vida. «Lujos» en un sentido biológico. Pero como afirmaba Mumford, la vida misma es la organización de lo superfluo, que siempre apunta más allá de la pura nutrición y la pura reproducción: «Si la supervivencia fuera lo único importante, la vida se habría quedado en la charca primigenia o no se habría arrastrado más allá de los líquenes» (2011, p. 619). Como sugiere Ernest García, ya conocemos la forma social extrema de la mera administración de la supervivencia en sus mínimos biológicos, y nadie puede aspirar a ello: la prisión, el campo de refugiados, en último término el campo de concentración (2021). La tesis que aquí se defiende es que toda oferta de vida buena debe contener alguna expectativa de riqueza, de lujo, de abundancia que libere de las obligaciones impuestas por el principio de realidad.

Históricamente, el ecologismo ha tenido dificultades para asumir esta verdad profunda. Barry Commoner, uno de sus padres fundadores, consideró que el ecologismo debía responder a «la cuestión de la supervivencia». Este marco tenía mucho sentido: el ecologismo surgió como un intento preventivo de evitar un daño apocalíptico. Pero se descubrió insuficiente para construir una ilusión colectiva hacia la que encaminarse. Y dado el carácter derrochador del capitalismo industrial, cuando el ecologismo ha querido hablar en positivo, ha tendido a hacerlo mediante una defensa de la austeridad, de la contención, de la renuncia bajo el cumplimiento de un deber moral. La historia no desconoce grandes cambios sociales basados en una convocatoria general a la restricción de hábitos y placeres. Pero como apuntó Manuel Sacristán pensando en el ecologismo, estos adquirieron la forma de conversiones religiosas. Parte del fracaso histórico del ecologismo es haber renunciado a la disputa política por la dimensión lujosa de la vida buena para conformar un sujeto proto-religioso que hace apología moral de la abstinencia. Una misión especialmente difícil en un contexto cultural de profusión material y nihilismo oficioso, como ha sido el neoliberalismo.

Lo que estamos descubriendo en el antropoceno es que cuando los límites planetarios han sido sobrepasados, y la saturación del espacio ecológico se convierte en un rasgo crónico de la realidad social, la respuesta predominante no está siendo la contracción voluntaria. Al contrario. Como cabía esperar, lo que prosperan son las llamadas a cerrar filas alrededor de los privilegios adquiridos. Ese nosotros supremacista que las nuevas extremas derechas cultivan encaja con el razonamiento perverso que Hardin denominó «ética del bote salvavidas»: impedir que un náufrago suba a un bote es un deber si su rescate puede incentivar a otros náufragos y con ello la embarcación corriese el peligro de volcar. El silogismo es sencillo: si no hay para todos, nuestro «nosotros» étnico o nacional debe ir primero. Aunque eso implique dejar morir o involucrarse en matar, dos fenómenos en auge a través de diferentes modos de subcontratación del crimen. Por eso nuestra época está mucho más preñada de ecofascismo que de colapso.

Ecofascismo es un término de moda muy promiscuo. Su uso requiere distinguir entre sus versiones explícitas y sus versiones subyacentes. Brenton Tarrant, autor del atentado supremacista de Christchurch, en Nueva Zelanda, puede ser tomado como icono del ecofascismo explícito. Un terrorista que justificó sus asesinatos con un manifiesto lleno de reivindicaciones sobre la conexión entre la preservación étnica de los pueblos y la defensa de la naturaleza frente a la industrialización, la vida urbana y el peligro de la migración masiva. Donald Trump sigue siendo el icono más representativo de ecofascismo subyacente. Él mismo ha resumido su programa en «perforar, perforar y perforar» (con el fin de alargar la era de los combustibles fósiles y sus intereses) y deportar y cerrar fronteras, para así externalizar las consecuencias.

En este punto el debate sobre una vida buena, y por tanto de alguna manera lujosa, que sea sostenible, revela su importancia política. El auge de la extrema derecha es ilustrativo del potencial de nuestro tiempo para volver a poner de actualidad lo que Carl Amery (2002) denomina «el asunto Hitler»: la supresión de la democracia, la anulación de los derechos humanos y el incremento internacional de las dinámicas militaristas con el fin de apropiarse competitivamente de espacio vital entendido ecológicamente.

En su libro *Cuatro Futuros*, Peter Frase define uno de los escenarios que maneja para el siglo XXI con el nombre de exterminismo, un término prestado de una reflexión de Thompson sobre la destrucción nuclear mutua asegurada: cuando a los conflictos económicos, agravados por el exceso de población económicamente superflua, se les superponen conflictos étnicos o nacionales, se dan las condiciones perfectas para que la parte fuerte de la relación decida erradicar a la parte subalterna. Peter Frase especula también sobre la eficacia que este exterminismo puede adoptar gracias a la automatización del asesinato que facilitan tecnologías como los drones, los robots o la inteligencia artificial. Por no hablar de las posibilidades represivas del uso del *big data* si nuestros sistemas democráticos conocieran una involución política.

De momento el exterminismo que plantea Frase describe condiciones sociológicas, tecnológicas y culturales que flotan sueltas en nuestro ambiente histórico, no un fenómeno articulado real. Pero el genocidio perpetrado por el Estado de Israel sobre una población civil ya sometida desde hace décadas a un régimen de *apartheid* como es la palestina, prefigura ante nuestros ojos el tenebroso potencial exterminista del siglo XXI.

Cooperar o depredar. Compartir o matar. La crisis ecológica nos arroja a un siglo XXI en el que el igualitarismo socialista, que sale del siglo XX históricamente herido, y un darwinismo social hiperexcitado tras cuarenta años de neoliberalismo, van a disputarse la interpretación ideológica del mayor examen evolutivo de nuestra especie. Y esta no se ganará oponiendo al exceso criminal del neoliberalismo la penitencia de una sobriedad espartana. Se ganará disputando la idea de lujo: frente a su lujo exterminista, nuestro lujo comunal.

Una salida democrática e igualitaria a la crisis ecológica depende de articular otros códigos del deseo. Por eso nuestras aspiraciones reprimidas de lujo comunal pueden convertirse en una palanca de movilización. Parafraseando el programa situacionista, debemos trabajar para inundar el mercado con una masa de deseos cuya realización no rebase una huella ecológica humana justamente repartida, pero sí desborden la vieja organización social y su marco de satisfacciones permitidas. En el antropoceno, la emancipación ya no consiste en precipitar los sueños de la abundancia material infinita, sino en realizar las utopías del lujo comunal sabiendo que lo común esconde una copa de vino copiosa y sin fondo.

Capitalismo y catástrofe de resonancia

Afirma Rosa que sin duda llamaríamos totalitario a un régimen que hace que sus súbditos se despierten inquietos por la noche esperando su inmediata desaparición. Pero que, paradójicamente, esta experiencia es mucho más común en los países occidentales que en el Irak de Saddam Husein (2015). Los datos escalofriantes de consumo de somníferos o antidepresivos en el mundo desarrollado, que certifican el alcance de la actual epidemia de salud mental, dibujan el nuevo rostro de la miseria. Y son solo la punta del iceberg del sufrimiento psicológico contemporáneo: pensemos que en los países occidentales una de cada tres personas padece soledad no deseada.

El lujo comunal ecologista tiene otro yacimiento de energía política en los malestares específicos que induce la opulencia bulímica del capitalismo: ansiedad permanente, insomnio, tristeza inconfesada, aislamiento y agotamiento, estrés sin premio, hastío generalizado, placer fácil pero desconsolado. Pese a disponer de recursos materiales fabulosos, las vidas de la mayoría de la humanidad, incluidas las de quienes se benefician más de los privilegios del saqueo geopolítico imperante, son vidas malogradas. Un viaje a ninguna parte en el que, con el paso de los años, se va imponiendo una somnolencia rutinaria, que lleva a traicionar nuestras aspiraciones más bellas sin saber ni cómo. La inutilidad de hacerse adulto es el gran tabú de la promesa de éxito del capitalismo.

Que la modernidad capitalista ha sido un proceso en el que sus logros tecnológicos y materiales han pagado un alto precio en forma de instrumentalización, reificación y cosificación ha sido uno de los temas predilectos de la sociología crítica, desde Marx hasta Weber pasando por Simmel o la Escuela de Frankfurt. Por no hablar de la reflexión filosófica o la exploración artística, que han tenido en el desencantamiento del mundo uno de sus tropos predilectos.

Las razones son muchas. Pero las más importantes nos remiten a una matriz económica y política que nos arroja a un modo de existencia tan patológico como imposible: una ampliación constante de las posibilidades a nuestro alcance que, sin embargo, nunca podemos asimilar de modo transformador. La causa última está en la inseguridad crónica que provoca el dinamismo de la competencia perpetua: una estructura que nos espolea constantemente al incremento para poder sobrevivir. En todos los planos, desde lo macro (la geopolítica o la economía) a lo micro (el reconocimiento social o las competencias profesionales), nos domina la maldición de la Reina Roja de *Alicia en el país de las maravillas:* hay que correr el doble de rápido para mantenerse quieto y un poco más para poder avanzar. Esto atenta contra las condiciones mismas de la resonancia: tiempo, pues la asimilación transformadora del mundo es un proceso gradual; seguridad, pues para abrirnos a lo que nos conmueve debemos arriesgarnos a ser dañados, lo que es difícil desde un punto de partida tan frágil. En un círculo vicioso, nuestra incapacidad de digerir y dirigir el proceso de modernización retorna en forma de bumerán de daños ecológicos retardados que refuerza el bucle miedo-competencia-aceleración.

Probablemente, como apunta Charbonnier, el mal común que afecta a la modernidad es seguir viviendo en un edificio económico, político, jurídico e intelectual construido para lidiar con la trampa malthusiana que, sin embargo, ha quedado obsoleto. Pese a haber alcanzado condiciones posmalthusianas, o al menos de abundancia relativa, seguimos manteniendo con el mundo una relación de intensificación y acaparamiento preventivo. Algo lógico en los albores de la modernidad, cuando el intento emancipador de romper con la escasez se combinó con los riesgos y las limitaciones de una economía agraria, que se convirtió en suicida al dotarnos del poder energético de los combustibles fósiles y la industria.

La tarea del ecologismo transformador es retomar este caudal de denuncia. Pero no para oponer a la alienación capitalista el retorno a las viejas condiciones de opresión preindustriales. El plan ya lo expusieron Marx y Engels en el Manifiesto Comunista. Con algunos retoques ecologistas (descarbonización, economía circular de materiales, biomímesis, restauración ecosistémica) sigue siendo válido: el objetivo es que el bien común tenga condiciones institucionales para imponerse sobre la lucha ansiosa de los intereses privados. Y así lograr que el carácter constructivo de las fabulosas fuerzas tecnológicas que el capitalismo ha despertado venza a su dimensión destructiva. Que el mago de la modernidad pueda, por fin, controlar sus conjuros. Para que las biografías de todas y de todos sean una aventura de realización escrita en libertad. Y no la miserable crónica de una batalla de desgaste contra un cáncer social de necesidades hipertrofiadas.

Ecosocialismo solar: el Reino de la Libertad no está clausurado

Disputar al capitalismo el monopolio de la definición de riqueza, para que una nueva experiencia del lujo y un retroceso de las condiciones de alienación sean compatibles con una reintegración rápida dentro de nuestros límites planetarios: esta es la tarea más urgente del ecologismo transformador. Pero llevarla a la práctica exige responder a una pregunta previa, que lejos de ser evidente, está envuelta en un banco de niebla que mezcla incertidumbre con confusiones y errores.

Dado el actual estado de extralimitación ecológica, es indudable que la sostenibilidad implica una reducción del tamaño de la esfera material de la economía. Esta es la verdad sobre la que se apoya la idea de decrecimiento. Pero, ¿cuántas tallas tiene que perder nuestro metabolismo? Aquí el abanico de opciones sigue siendo objeto de debate. Pero en la última década buena parte del ecologismo ha quedado desfasado, enrocado en posiciones pesimistas que bloquean su potencia política.

Cuando el ecologismo ecualiza su programa decrecentista con un retorno a parámetros preindustriales, donde la vida agraria volverá a ser predominante, la tecnología humilde y la escala política mucho más pequeña, lo hace con base en dos motivos. El primero, un diagnóstico sobre la hipotética escasez energética del mundo que nos espera después de los combustibles fósiles. El segundo, una querencia moral y estética por los mundos de vida perdidos por el avance de la modernidad. Al fin y al cabo, uno de los muchos ríos históricos que alimentan la cuenca filosófica del ecologismo es la resistencia de comunidades y territorios contra la trituradora de doble revolución, industrial y urbana.

El segundo de estos debates es de principios y no tiene solución. La nostalgia por la vida preindustrial es legítima, pero conviene no engañarse al respecto: una matriz energética basada exclusivamente en la fotosíntesis es indisociable de aquellos aspectos que nos incentivaron a dejarla atrás: vulnerabilidad alimentaria, alta mortandad infantil y materna, marcos culturales muy restrictivos para el desarrollo de la libre personalidad, instituciones de dominación brutales, como la servidumbre o la esclavitud. Esta es la letra pequeña de un contrato social ecologista que aspirase a rebobinar la sociedad industrial y su complejidad. No parece un programa destinado a tener un éxito arrollador. Pero no es un riesgo menor los efectos (quizá involuntarios, pero no exentos de responsabilidad) que estos discursos pueden tener al alimentar una política reaccionaria, que hace de la nostalgia imaginaria por las esencias perdidas el motor de una defensa de privilegios fosilistas (como los del actual empresariado rural).

Por ello, defiendo que un ecologismo emancipador participa íntegramente del programa moderno tal y como el socialismo lo concibió: no se trata de desmontar la revolución urbana e industrial ni descolgarnos de la empresa ilustrada. Se trata de culminarlas con éxito, minimizando sus violencias (económicas, sociales, culturales y ecológicas) al llevar hasta sus últimas consecuencias las ideas de libertad e igualdad. Y por consiguiente tomando control democrático de sus dinámicas profundas. Pero esta posición es de principios, y habrá quienes la rechacen por asumir una escala de valores distinta.

Pero el primer motivo de pesimismo ecologista, la hipótesis de la escasez energética, admite ser discutido con ánimo de cambiar algunas opiniones equivocadas. Dos son las razones «de hecho» que alimentan los argumentarios del decrecimiento de tonos preindustriales: el declive geológico de los combustibles fósiles y la imposibilidad de las renovables de alta tecnología de mantener sociedades complejas (en parte, por la escasez de las reservas minerales de la Tierra). De ambas se derivaría un siglo XXI que invertiría la curva material ascendente de la civilización industrial: el futuro será como el de nuestros bisabuelos. Y como mucho el ecologismo tendrá que pelear por repartir ese empobrecimiento con justicia.

El primer error de este planteamiento es subestimar las dinámicas de poder. Incluso ese escenario energéticamente lóbrego admitiría muchas experiencias distintas en función de la gestión política y geopolítica de la escasez, que puede ser tan eficaz como despiadada. Este es el punto ciego que hace a cierto ecologismo ser mucho más propenso a pensar el futuro como un colapso que como una regresión antidemocrática.

El segundo error es una piedra con la que la izquierda ama tropezarse: subestimar la capacidad de innovación del capitalismo cuando vislumbra rendijas de rentabilidad. Porque estas proyecciones energéticas ya no se corresponden con la mejor evidencia científica y tecnológica. En la primera década de los dosmil, cuando ambas conjeturas (declive petrolero inminente, espejismo renovable) cobraron fuerza, tenían cierta verosimilitud. El ritmo de producción petrolífera se estaba tensando por el despegue chino y la madurez de los yacimientos en explotación. La propia geopolítica, como la invasión de Irak, nos daba pistas que reforzaban el relato. Las renovables, a su vez, eran caras y presentaban todo tipo de problemas con su intermitencia. Pero en 2025 el escenario es otro. La revolución del *fracking* ha inundado el mercado petrolífero. Hoy tenemos yacimientos de petróleo y gas comercialmente explotables más que de sobra para desestabilizar el sistema climático. Por suerte, las renovables (y las baterías) están conociendo su propia revolución tecnológica: en la última década han protagonizado uno de los procesos de reducción de costes más espectaculares de la historia económica (especialmente la fotovoltaica). En el campo de la producción de electricidad, hoy en el 80% de los países del mundo resulta más rentable producir kilovatios con energías renovables que con fósiles. Reducciones de costes parecidas son observables para diferentes tecnologías de almacenamiento. Y muchos procesos que en teoría nunca se podrían electrificar, desde los camiones de transporte a los buques mercantes, hoy ya conocen prototipos eléctricos rentables.

El talón de Aquiles de las renovables, los límites materiales de nuestro planeta, también admite hoy lecturas menos claustrofóbicas que hace quince años: todos los estudios apuntan a que la variable clave son los escenarios de demanda. Y estos pueden ser muy distintos, por ejemplo, si se opta por transporte público electrificado o movilidad privada eléctrica. Una decisión netamente política, no un destino termodinámico. A su vez, las posibilidades del reciclaje de minerales son inmensas: una carta que aún no ha desplegado ni un ápice de su potencial, ni administrativo (legislación contra la obsolescencia programada) ni tecnológico (plantas industriales de recuperación de materiales). Y nuevos desarrollos tecnológicos tienen mucho que ofrecer en la diversificación de materiales a utilizar (como el sodio) o en la minimización de los recursos a emplear, como las baterías en estado sólido.

Además, la electrificación basada en renovables va a suponer un salto espectacular en materia de eficiencia. En términos de energía útil final, el grueso del aporte energético de los combustibles fósiles se pierde. Por ello electrificar implica hacer lo mismo o más con mucha menos energía. Aunque suene contraintuitivo para una idea de decrecimiento capturada por las estampas bucólicas del neorruralismo, un coche eléctrico o una bomba de calor serán tecnologías con un impacto decrecentista neto si logramos que su demanda se ajuste a la satisfacción de necesidades y no a la multiplicación de beneficios.

Si todas estas novedades disruptivas están tardando tanto en ser incorporadas al debate ecologista, o lo hacen con mucha resistencia, es por una actitud problemática ante la tecnología. El ecologismo, que ha enarbolado siempre con acierto la crítica a la tecnolatría, no pocas veces ha caído en su inversión: otra relación religiosa con la tecnología, pero marcada por la fobia. Nuestra expectativa tecnológica debería ser laica: no esperar milagros, ni tampoco rechazar sus aportaciones.

Este *game changer* energético no significa que la descarbonización sea una tarea sencilla. Tampoco invalida la necesidad general del decrecimiento: necesitamos urgentemente reducir emisiones, consumir menos agua, frenar la deforestación y la erosión del suelo, detener la destrucción de biodiversidad, dejar de saturar nuestros sumideros ambientales... Todos estos objetivos implican no solo transformar sino también reducir la huella material de la actividad humana sobre el planeta. Pero son objetivos que no comprometen la estructura social de la modernidad.

Hoy es técnicamente posible desplegar un proceso de descarbonización, compatible con sociedades industriales complejas de alta tecnología y población mayoritariamente urbana, que logre esquivar la trayectoria Tierra Invernadero al mismo tiempo que garantice, para los 10.000 millones de personas que seremos en el año 2050, unos niveles materiales mucho más que suficientes, aunque sobre la base de esquemas de consumo y mundos de vida diferentes a los de la era fósil.

Los principales cambios que tocará acometer tienen que ver con la dieta, la movilidad, la relocalización de actividades económicas y el consumo privado como portador de identidad y estatus. Nuestra alimentación deberá ser mucho más vegetal. Nuestra movilidad más colectiva, y probablemente mucho más excepcional en el caso de la aviación. Tanto la producción de energía (vía renovables) como de alimentos deben volver al territorio, donde hoy apenas están. No tanto para conseguir la autarquía ecológica (un sueño tan reaccionario como imposible) sino para establecer un entramado tecnoeconómico global de autoproducción conectada, en la que cada territorio aumentará su nivel de autoabastecimiento pero seguirá contribuyendo a la red general con excedentes. Aprovechar el autoabastecimiento local es importante para minimizar los impactos ligados al transporte mundial de energía y materiales. El acceso a excedentes en red es clave para asegurar la seguridad de suministro y la abundancia. Finalmente, muchos de nuestros consumos privados deben volverse compartidos para ganar en eficiencia. Y la identidad personal tiene que encontrar vectores de expresión diferentes a la compra compulsiva de mercancías.

No son transformaciones menores. Pero pintan el programa del decrecimiento con colores mucho más atractivos para el tipo de ser humano que hoy es predominante. Y casi más importante: la buena noticia es que nos anima a pensar que el bien mayor, el proyecto emancipador que Marx llamó el Reino de la Libertad, y que necesariamente tenía en la revolución urbana-industrial su infraestructura, no está clausurado. De hecho, las ganancias emancipadoras que la robotización o la IA nos ofrecen no están irremediablemente condenadas a ser un efímero suspiro de los estertores finales de la Roma fósil antes de una nueva Edad Media. Cabe la opción de pelear por ellas si pudiéramos organizarlas en otro marco económico e institucional que regulase sus elevados consumos de agua y electricidad.

Probablemente, las ensoñaciones con un futuro comunismo de lujo absolutamente automatizado no son verosímiles. Al menos en la tesitura de nuestro siglo. El libro de Bastani (2020) que ha hecho popular este lema asume hipótesis que hoy son ciencia ficción tecnológica, como la minería de asteroides. Pero un ecosocialismo solar moderadamente automatizado y razonablemente próspero sigue siendo un programa factible para superar el paso angosto del antropoceno. Sin duda, la base energética de un futuro sostenible será el sol. Pero para que esta sea emancipadora y no regresiva, la fotosíntesis, que seguirá cumpliendo el rol decisivo de siempre, debe ser complementada con captación fotovoltaica a gran escala. Sobre esta base material pueden levantarse las utopías de lujo comunal que nos permitan ganar la batalla política al ecofascismo.

2. LUJO COMUNAL Y POSCRECIMIENTO: DE LA UTOPÍA A LA HEGEMONÍA

Gramsci ecologista

Una de las debilidades del ecologismo ha sido el poco trabajo que ha dedicado a pensar los procesos de poder en general, y la dimensión política de su actividad en particular. Haciendo una analogía con el movimiento obrero, el ecologismo no ha pasado aún por su momento Lenin y su momento Gramsci. Es justo admitir que en el marxismo ambas situaciones fueron sobrevenidas: improvisaciones teóricas forzosas sobre los hechos consumados que desencadenó la oleada revolucionaria surgida de la Primera Guerra Mundial. Un contexto que ofreció situaciones tan anómalas como el poder bolchevique sobre las ruinas del imperio zarista semifeudal y el fracaso del *bienio rosso* en la Italia industrial. Pero en un siglo XXI al que el ecologismo le toca gobernar este déficit debe ser corregido. Un diálogo con las grandes inteligencias del marxismo político, como Gramsci, puede ayudar a superar el *impasse* estratégico del ecologismo. Por supuesto, esto nunca consistirá en traer a Gramsci intacto al siglo XXI en un ejercicio de hermenéutica exquisita. De lo que se trata es de leer nuestros problemas con una mirada gramsciana, que ha sido actualizada por muchos otros autores que pensaron otras muchas experiencias políticas, desde Stuart Hall hasta Álvaro García Linera. Gramsci no tiene todas las respuestas, pero sí nos ayuda a formular buenas preguntas.

Y la primera de estas buenas preguntas es la de la supuesta incomparecencia del gran sujeto colectivo ecologista. Ese que está llamado a protagonizar la historia del siglo mediante un giro de timón que nos aleje del desastre ambiental. El ecologismo, como hacía el marxismo con la clase obrera, suele creer que este gigante colectivo ya existe, solo que está dormido. Algunos intereses evidentes, que estarían inscritos en lo más profundo de nuestras sociedades, como el instinto de supervivencia ante el ecocidio, habrían forjado este sujeto con los materiales más duros: la realidad de los hechos objetivos.

Sin embargo, la historia del siglo XX ya demostró cuánto de ilusión había en creer que la clase obrera, por su posición en la estructura económica, era un sujeto comunista latente que la política comunista tenía que activar. Ni siquiera las grandes convulsiones económicas del capitalismo lo pusieron más fácil, al revés: fueron casi siempre mejor aprovechadas por la derecha que por la izquierda. Gramsci lo comprendió de modo pionero: «puede excluirse que las crisis económicas inmediatas produzcan acontecimientos fundamentales» (1999, p. 39). La política no es un reflejo de cosas más reales que suceden en la esfera material, como la economía o el metabolismo energético. La política posee autonomía relativa. Esta intuición gramsciana la destiló Stuart Hall al afirmar que la política no consiste en traducir mayorías sociales sino en construirlas (2018).

El matiz es importante. Como el ecologismo creyó que los intereses objetivos de la humanidad coincidían con su programa, centró sus esfuerzos en despertar al gigante. En activar la respuesta ecologista mediante la pedagogía. Al igual que el proletariado tenía que tomar conciencia de clase explotada, la humanidad tiene que tomar conciencia de especie en peligro de extinción. Se trataría de clarificar la verdad ecológica ante las deformaciones y las tergiversaciones externas promovidas por los medios de comunicación o los grandes *lobbies* contaminantes.

El origen científico-natural del ecologismo contribuyó mucho a esta noción del cambio social. Todo consistiría en alfabetizar a unas masas ecológicamente ignorantes o manipuladas. De ahí su obsesión con la divulgación de datos. Sin duda, esta tarea cumplió un papel imprescindible al poner el foco de nuestras preocupaciones en algo que antes ni siquiera veíamos: el carácter ecológicamente depredador de la normalidad capitalista. Pero a la hora de la verdad, a la hora de la disputa por el poder, no basta. Porque como ayuda a entender Gramsci, dato no mata relato jamás. La política no consiste en revelar la verdad. La política consiste, en primera instancia, en disputar los símbolos y las interpretaciones morales que reinan en el sentido común de una época. Una disputa que es posible porque el sentido común nunca es un todo compacto y coherente. Los significados sociales admiten muchos acentos distintos. Son contradictorios y ambivalentes. El dato objetivo de que estamos viviendo por encima de las posibilidades biosféricas puede interpretarse como una llamada al apoyo mutuo. O como el disparo de salida de una carrera criminal por el acaparamiento de recursos.

Como el sentido común es ambivalente, su disputa tiene mucho de llave de judo. Pretender transformarlo con un choque frontal suele llevar al fracaso. Por eso cualquier acción transformadora no lo puede impugnar todo: tiene que partir de la ideología popular de su tiempo. Y como un compás, anclar una de sus patas en las creencias y los valores que ya existen, para con la otra pata abrir posibilidades de transformación. A escala de un país, esta es la fórmula básica de lo que Gramsci nos enseñó a pensar con la palabra hegemonía: un proceso en el que una parte de la sociedad, aun promoviendo un proyecto particular, logra encarnar algo parecido a un interés general. Lo hace porque consigue articular y dar respuesta satisfactoria a demandas muy plurales. Algunas de ellas vienen de los sectores enemigos, lo que permite no solo subordinarlos, sino también integrarlos. Y construir consenso y consentimiento.

Aunque sea siempre transitoria, no hay política eficaz, sea transformadora o reaccionaria, sin hegemonía. Esto es, sin esa disputa por el sentido común cuya primera regla es aceptarlo para así poder empujarlo en otra dirección. En no pocas ocasiones el ecologismo, en un mal muy extendido en los movimientos transformadores, hace exactamente lo contrario: destilar una subjetividad minoritaria y un programa radical, incapaz de dialogar con el conjunto de la sociedad para seducirla y desplazar sus creencias. En vez de aspirar a enunciar su propuesta en los términos más anchos posibles, buena parte del ecologismo prefiere encapsularse dentro de una cáscara de nuez de discursos endogámicos, de convicciones duras, poco contaminadas por las tendencias del presente. Su esperanza inconfesada es ser como el Arca de Noé: prepararse para los malos tiempos, proteger la semilla, florecer después del diluvio. Pero la única garantía que tenemos de sobrevivir al diluvio es impedirlo luchando en el aquí y el ahora. Lo que importa siempre es el mientras tanto, el presente y sus contradicciones. El resto es literatura (nostálgica si mira al pasado, escatológica si fantasea con el futuro).

Esto explica que una parte significativa del ecologismo imagine el cambio social como un *Big Bang*. Una serie de transformaciones en cascada, protagonizadas por el tipo de energía afectiva que es propia de los momentos calientes de la historia. Sin duda los episodios de revuelta, o las grandes olas de movilización, inyectan un plus de fuerza imprescindible porque vuelven el conflicto creíble. El cambio social necesita combinar siempre amenaza y negociación. Pero cuando la ruptura se convierte en un fetiche, en una deuda bendecida por la historia dentro de un argumento cósmico, se desgaja de una comprensión más sofisticada de su papel parcial, y nunca total, en los cambios sociales. Este maximalismo secuestra emocionalmente el conjunto del ecosistema organizativo de un movimiento social, dificultando una lectura inteligente de los procesos de cambio, de sus tempos, sus límites y sus concesiones. Y aunque una parte importante del ecologismo ha desplegado un temple más pragmático y realista, su labor se ve saboteada desde dentro por este compromiso mitológico general.

Una mirada gramsciana ayuda a calibrar las expectativas. Gramsci enseñó al marxismo a pensar fuera de cualquier ilusión teleológica, lo que es válido para el ecologismo, crecientemente influido por una teleología invertida, como sucede entre quienes dan al colapso el estatus de un hecho consumado. Además, con su atención a la dialéctica entre revolución y restauración, Gramsci sentó en el marxismo las bases del abandono de cualquier esquema político basado en un escenario de confrontación total y desenlace triunfal. La hegemonía también exige atender a un equilibrio complejo entre orden y desorden. El ecologismo adoptará una perspectiva más realista si hace suya una proyección más discontinua del cambio social. Que estará marcada por momentos de avance y momentos de reflujo, conquistas parciales con concesiones y retrocesos transitorios. Todo ello bajo la premisa de que la historia ni nos debe nada ni nos marca el camino.

Finalmente, aunque este asunto presenta mucha variación nacional, la tradición ecologista ha tendido a relacionarse con el Estado como si este fuera una esencia monolítica y separada de la sociedad: o bien como un otro impermeable, con el que siempre hay que mantener una relación externa, o bien como una amenaza cuyo papel es siempre negativo (cooptación, desactivación, represión). Esto explica la querencia espontánea, muy significativa en el ecologismo español, por estrategias de construcción de contrapoder o de éxodo al margen del trabajo institucional: todas ellas especialmente alérgicas a la escala del Estado-nación. Por el contrario, una perspectiva gramsciana ofrece otra manera de pensar el Estado: como un campo de relaciones. En el que además el Estado y la sociedad civil están integradas en un continuo. Y aunque los movimientos sociales tienen que demostrar autonomía, esto es solo el movimiento de apertura de una partida de ajedrez más larga. En la que es necesario que el impulso de las minorías activistas madure en una voluntad colectiva nacional popular, capaz no solo de dirigir la conversación pública en sus propios términos, sino también de gobernar los aparatos del Estado.

Del decrecimiento al poscrecimiento

Esta brújula gramsciana de bolsillo nos sirve para reorientar el enfoque habitual del ecologismo en una de sus tareas cardinales: reintegrarnos dentro de los límites planetarios. Una misión que se ha puesto de moda pensar bajo la idea de decrecimiento.

De primeras, el término es inspirador, pero también antipático. Pese a que un ingente esfuerzo ecologista ha ayudado a normalizarlo, para el sentido común imperante sigue portando una carga ominosa: recuerda demasiado a las experiencias traumáticas de la pobreza y la depresión económica. Conceptualmente, presenta también inconvenientes. La transición ecológica no exige un programa integral y homogéneo de reducción de la actividad humana, sino parcial y selectivo. Algunas actividades deben desaparecer, como las emisiones de gases de efecto invernadero. Otras incrementarse, como las renovables o la rehabilitación energética de edificios. Algunas regiones del mundo ya desplegaron su infraestructura material básica, pero muchas presentan déficits que deben ser solventados (desde la energía al agua potable). En el siglo XXI la suma total del peso de la actividad humana sobre la biosfera debe reducirse. Pero por seguir con una metáfora dietética, cuando desagregamos en objetivos concretos, de lo que se trata es de cambiar la composición de nuestro metabolismo social: perder mucha grasa relacionada con la industria fósil, con actividades tóxicas o excesos superfluos; y a la vez ganar masa muscular en forma de ferrocarriles, viviendas dignas, carriles bici, refugios climáticos o redes eléctricas inteligentes.

Además, la propuesta política del decrecimiento es, hasta ahora, muy inmadura. La mayoría de sus formulaciones se mantiene todavía en una posición enunciativa y un deber moral: algo que es necesario hacer, aunque no sepamos cómo. Y los pocos trabajos que indagan en el cómo, se caracterizan por cierta vaguedad. Parrique lo expresa bien con una analogía culinaria: «Hasta ahora las recetas para el decrecimiento han solido ser tan útiles como esto: verduras, buen sabor, sal, caliente, pasta, jugoso» (2019, p. 470).

De fondo, el gran obstáculo que enfrenta el decrecimiento es que tal y como analizó Marx, una economía del incremento perpetuo es una lógica estructural con inercias arrebatadoras, que nace de las formas elementales de la sociedad moderna. Esto es más profundo que una motivación ideológica, y no lograremos revertirlo cambiando una ideología por otra (aunque este primer paso es importante). En una sociedad de mercado basada en la propiedad privada y la competencia empresarial los agentes económicos no pueden aspirar al estado estacionario de su actividad. O crecen y reinvierten o se arriesgan a morir. A medida que esta lógica escala hacia arriba obliga al Estado a promover el crecimiento macroeconómico como objetivo de salud social prioritario. En otro plano, diferente aunque interconectado, en un orden internacional basado en el arbitrio de la fuerza, y en el que el realismo impone la competencia descarnada entre Estados, el incremento de poder soberano, con todo su efecto de arrastre sobre la sociedad en su conjunto, es un mecanismo de seguridad obligatorio.

Lo que la economía y la geopolítica moderna comparten Hartmut Rosa (2019) lo denomina *estabilización dinámica*: estructuras formadas por unidades en competencia sin fin, cuya reproducción misma depende de un movimiento de incremento y aceleración perpetuo. En última instancia, la expansión y la competitividad son fenómenos que van de la mano: el crecimiento de la actividad particular incrementa las posibilidades de supervivencia de cada actor; el crecimiento general del sistema rebaja tensiones y, al ampliar los márgenes de todos, amortigua los problemas inherentes a los juegos de suma cero. Por ello en la modernidad el imperativo del beneficio económico y el imperativo de expansión (geo)política se solapan con las presiones naturales del incremento poblacional y las presiones culturales del aumento de las expectativas de vida para hacer del crecimiento un dogma sagrado. No basta con denunciar las irracionalidades del crecimiento. Superarlo exige modificar el código fuente social del que se deriva toda la modernidad.

Por ello ninguna política realista puede combatir el crecimiento de frente y tirar del freno de emergencia del que hablaba Benjamin, aunque tuviera un mandato popular para hacerlo. Como mucho, puede aspirar a dar un rodeo. Y domesticar el crecimiento hasta terminar creando una nueva especie. Por ejemplo, corrigiendo sus efectos perniciosos. E introduciendo novedades evolutivas, que permitan que las formas elementales de nuestras sociedades muten con el tiempo hasta dejar atrás, algún día, la era de la estabilización dinámica. Una tarea que seguramente se parecerá mucho al modo en que la modernidad surgió del feudalismo. Y cuyos tiempos y formas tendrán cierto aire de familia: una evolución no diseñada y convulsa, donde diversas innovaciones (culturales, legislativas, económicas) fueron ganando espacio y encajando hasta conformar la nueva gramática de una civilización diferente. En el paso del feudalismo al capitalismo, estas novedades evolutivas apuntaron a fortalecer los mecanismos de mercado, a salarizar el trabajo, al dominio territorial del Estado-nación. En el paso hipotético del capitalismo a una sociedad más allá del crecimiento, se encaminarán hacia la reducción del impacto ecológico, la desmercantilización de las necesidades, la coordinación planetaria de la producción y los usos compartidos de la riqueza.

Por todas estas razones, más que promover el decrecimiento en abstracto, el objetivo de un ecologismo político con mirada gramsciana debe intentar articular una amplia coalición poscrecimiento. El término puede resultar aparatoso, y quizá pronto se le ocurra a alguien una palabra mejor. De primeras, puede ser más asumible por el sentido común dominante y a la vez conceptualmente más preciso. En parte porque no reniega del crecimiento económico en cualquier contexto. Lo que propone es escapar de su estatus obligatorio. Pero el contenido de la idea de poscrecimiento es claro: los objetivos son construir una sociedad sostenible y justa, que asegure un suelo social de derechos universales sin sobrepasar los límites planetarios actualmente excedidos.

En sus medios, esta coalición debe formular un enfoque de políticas públicas poscrecimiento, que puedan entrar a formar parte de la agenda de los próximos gobiernos progresistas. Esto es, políticas públicas sectoriales, parciales y específicas que no suponen, por tanto, una enmienda a la totalidad. Y que combinen un incremento del bienestar de la población con una disminución constatada de ciertos impactos materiales, como la huella ecológica o la huella de carbono. Estas medidas deben ser políticamente viables. Es decir, capaces de ser apoyadas por sectores amplios de la sociedad. Transformadoras pero a la vez institucionalmente factibles, y por tanto compatibles con el espacio de reforma que ofrece nuestro marco jurídico y la velocidad de maniobra que dejan nuestras inercias económicas. Finalmente, deben introducir esas novedades evolutivas abiertas a sorpresas y encajes imprevistos, que estimulen a los agentes económicos y políticos a mutar para adaptarse a ellas. Novedades que si bien sí estarán orientadas (tienen un objetivo: más bienestar, menos huella ecológica), no estarán subordinadas a una ingeniería social integral conocida de antemano.

La agenda poscrecentista abarcará muchas medidas en muchos planos, desde lo macro a lo micro: ampliar los mandatos de los bancos centrales para asegurar las inversiones de la descarbonización; condonar deuda externa por servicios ambientales globales; sistemas de cuotas para racionalizar la explotación de ciertos recursos, como hoy se hace con las pesquerías; impulsar las energías renovables y el transporte público; una reforma ecológica de la contabilidad nacional para introducir indicadores biofísicos oficiales, como el presupuesto nacional de carbono, que después la compra pública tenga en consideración; políticas industriales de reciclaje de minerales; políticas agrarias para fomentar la regeneración de los suelos; legislación contra la obsolescencia programada; redes municipales de cosotecas para el acceso a objetos de uso puntual mediante servicios de préstamo... todas ellas son medidas que pueden mejorar la vida de la gente a la vez que reducen nuestros impactos ambientales. También son capaces de ser el hilo conductor de alianzas políticas amplias y que no requieren de una ruptura institucional para ser tanteadas. Y cabe imaginar que, tras décadas de aplicación masiva, pueden decantar nuestras dinámicas sociales profundas más allá de la trampa de la dinámica.

El programa del lujo comunal ecologista busca la aplicación de esta noción de poscrecimiento al ámbito de la vida buena.

La ventaja antropológica del fascismo fósil

La transición ecológica justa no es un problema de ingeniería, aunque la innovación tecnológica solucionará muchos obstáculos. Tampoco consiste en la corrección de un error moral o epistémico, aunque nuestra moralidad y nuestra comprensión del mundo evolucionará a mejor en el proceso. La transición ecológica justa es una batalla política. Y como tal, una lucha ideológica por la interpretación de nuestra encrucijada y sus salidas viables con el fin de aplicar los resortes legítimos del poder. En esta pelea el bando popular debe ser capaz de forjar amplias alianzas con vocación hegemónica. Esto es, alianzas que puedan gobernar, o influir en los gobiernos, con la fuerza y la constancia temporal suficiente como para provocar transformaciones estructurales. Y aunque para concurrir a esta batalla política la mirada cálida y utópica es imprescindible, no podemos hacerlo sin una mirada fría: un análisis realista sobre la correlación de fuerzas y los resortes disponibles para modificarla.

Las posibilidades energéticas que nos ofrecen las renovables hoy dibujan un futuro bastante menos opresivo del que el ecologismo ha imaginado. Pero, con todo y ello, un horizonte de dietas predominantemente vegetales, de movilidad colectiva, de territorios productores de energía y de crepúsculo del consumismo sigue resultando agresivo para el marco de expectativas que han generalizado los combustibles fósiles. Las investigaciones sobre la percepción de la transición ecológica confirman esta tendencia: incluso en un lugar donde el negacionismo era residual, como Europa, los cinco años de aplicación de una política como el Pacto Verde Europeo (que queda lejos de responder a la urgencia climática con la rotundidad necesaria) han generado un incremento muy sustancial del antiecologismo. Que ha crecido en paralelo al éxito electoral de la extrema derecha.

Cuando la descarbonización se concreta en medidas que implican algún tipo de coste o esfuerzo, el rechazo es creciente: predominante entre los votantes reaccionarios o conservadores; menos residual de lo que cabría esperar en los votantes progresistas o ecologistas. Esto sucede por igual con los impactos paisajísticos de las renovables, con el fin de la venta de coches de combustión o con la internalización de costes ambientales de la aviación, cuyo efecto es la subida del precio de los billetes. En definitiva, muchos de los usos y costumbres que se han popularizado en el siglo XXI suponen una barrera importante para una descarbonización rápida. Hasta el punto de que la derecha conservadora, que a nivel europeo había sido un actor climático relativamente responsable, está reposicionándose, llamando a frenar la transición por miedo a perder su espacio electoral. Además, a estos cambios en los modos de vida, que afectan al conjunto de la población, se les suman las fricciones particulares que va a generar la reconversión ecológica de sectores económicos completos: miles de puestos de trabajo que deben ser reubicados. Y millones de euros en expectativas de ganancia que no se cumplirán y que alimentarán la demanda de un gran rescate empresarial.

Sin duda, una fuerte redistribución de la riqueza podría diluir muchas de estas tensiones y ese debe ser nuestro objetivo prioritario. Pero esta opción choca con el tipo de sentido común neoliberal que todavía nos conforma. Aquí está el nudo de nuestro tiempo: cualquier sociedad industrial que hubiera conocido antes la plétora energética de los combustibles fósiles acusaría las perturbaciones de la descarbonización. Pero estas se acrecientan, en nuestro caso, por el modo en que la hegemonía neoliberal cosechó un éxito tan rotundo que se encarnó en una nueva antropología.

Y es que el neoliberalismo no solo ha conseguido naturalizar su visión del mundo hasta equipararla con la normalidad. También ha logrado que buena parte de la reproducción cultural, en el sentido clásico de la idea antropológica de cultura (que abarcaba desde la vida material hasta el parentesco pasando por las instituciones políticas), sea un bucle de refuerzo de su macizo ideológico. Tras medio siglo de ingeniería social neoliberal nuestro urbanismo, nuestros hábitos relacionales, de consumo o sexuales, pasando indudablemente por nuestra experiencia laboral o la política económica de nuestros gobiernos, generan neoliberalismo espontáneo.

Una de las claves de esta mutación antropológica ha sido la desertificación del suelo social donde podían arraigarse el tipo de comunidades fuertes que en el siglo XX posibilitaron experiencias como el partido o el sindicato de masas. Las viejas organizaciones obreras podían construir mundos de vida propios, con esa institucionalidad paralela basada en la autogestión que tanto nos fascina. También contar con un poder de negociación política capaz de imponer reformas estructurales de enorme calado, desde las ocho horas a la sanidad pública. En contraste, los esfuerzos que hoy hacen los movimientos sociales o la economía cooperativa de ser autónomos, aun siendo muy valiosos, terminan padeciendo algo así como la maldición del pez soluble, por utilizar una bella imagen del surrealismo: se disuelven en el propio medio en el que se desarrollan. Y la capacidad de presión popular en los gobiernos progresistas es baja. Entre otras cosas porque el mismo fenómeno de los gobiernos progresistas se está convirtiendo en algo bastante excepcional, tal y como demuestran los datos de evolución del voto de la izquierda en todo Occidente: en pocos lugares la izquierda sobrepasa hoy el 35% del voto. Un declive compartido por formaciones con discurso radical o pragmático, con un modelo organizativo piramidal o más democrático, con líderes carismáticos o grises burócratas.

El resultado de esta pulverización de la vida colectiva es tener que asumir, como un hecho consumado, el peor clima histórico posible: uno gobernado por una profunda desconfianza hacia la política. Un contexto más propicio para las opciones electorales que quieren servirse de la inseguridad, la desorientación y el resentimiento para hacer esa oferta psicológica tan perversa que define el fascismo: la masificación del derecho a la crueldad mediante una estafa piramidal. Un tipo humano servil, dispuesto a aceptar cualquier humillación y tutela, con la condición de poder ejercer esta misma violencia hacia abajo. Exactamente el tipo humano que la ultraderecha negacionista promueve y en el que prospera.

Por supuesto, aunque las inercias que nos empujan en esa dirección son fuertes, nuestras sociedades no están condenadas al fascismo fósil. Las opciones para urdir transición ecológica y emancipación siguen siendo prometedoras. Pero sí que debemos ser conscientes de que descarbonizar el mundo es, en buena medida, como desactivar una bomba de relojería. Manipular un artefacto social que está siempre a un par de errores políticos de detonar en una explosión de barbarie.

Cambio moral sin moralismo y transformación social sin *tabula rasa*

Para desactivar esta bomba de involución democrática, la mutación antropológica del lujo comunal debe evitar dos tentaciones a las que la izquierda ha sido muy proclive, y contra las que un enfoque gramsciano nos vacuna: una es rebajar la política a la ética, convirtiendo el cambio social en un ejercicio de heroicidad personal. La otra es la ilusión de la *tabula rasa*, que consiste en creer que se puede hacer política como si las sociedades fueran folios en blanco.

«Que el cambio civilizatorio requiera, entre otras muchas cosas, de cambios morales no significa que puedan ser fruto del moralismo.» Esta afirmación de César Rendueles (2020, p. 338) apunta bien a un aspecto que no siempre ha sido bien comprendido por la tradición ecologista: la transformación del deseo, más que por el empuje voluntarista de personas virtuosas, o el efecto goteo de *influencers* éticos, tiene más que ver con políticas públicas que reconfiguran las condiciones y las reglas de la espontaneidad social. Esto no significa que los cambios personales carezcan de importancia: sin duda anticipan las nuevas costumbres y les abren camino. Los pioneros morales son siempre una especie de agitadores inicialmente estrambóticos, cuyos gestos y rutinas más tarde pueden tender hacia la popularización. Esto tiene su peso en la batalla cultural. Sobre todo, porque provocan un efecto contagio en entornos próximos más potente que cualquier propaganda. Lo sabían los viejos anarquistas: las ideas convencen, pero el ejemplo arrastra.

Pero, aunque necesarias y bienvenidas, las acciones de responsabilidad personal son insuficientes. Y es que nuestros hábitos apenas derivan de decisiones. Como afirma Rubén Martínez (2024), las clases populares del norte global no están acelerando la crisis climática por los efectos agregados de su irresponsabilidad consumista. Los hábitos claramente insostenibles de los deciles de renta inferiores de España no son el fruto de una elección. Son producto del chantaje estructural de una sociedad orientada a la acumulación de capital. Si una persona tarda media hora en coche para llegar del trabajo a casa, y dos horas en transporte público, hace falta ser un santo ecologista para cambiar este hábito. Pero la emancipación nunca consistió en construir repúblicas de santos. No es casual que bajo el predominio cultural neoliberal el problema ecológico se piense en términos de responsabilidad individual. La ecoansiedad es un producto ideológico de nuestro tiempo.

El segundo de estos errores funciona en sentido contrario: se asume que la política es un demiurgo que trabaja con las sociedades como si fueran plastilina. Esta ilusión de la *tabula rasa* fue asumida por las corrientes más voluntaristas y revolucionarias del marxismo. Y adoptó su máximo exponente en el proyecto del Hombre Nuevo, que capturó, en diferentes formatos y enunciaciones, la imaginación de las revoluciones socialistas del siglo pasado en sus capítulos de máxima intensidad: una hiperestimulación ideológica, con todos los instrumentos del Estado, en pos de una remoralización colectivista y un acuartelamiento de las costumbres, con el fin de dirigir toda la energía social a los esfuerzos de parto del socialismo. Todo ello descansando sobre una concepción de lo humano altamente plástica. Dumont hablaba de estas fases revolucionarias como socialismos religiosos. Episodios de fervor de masas que sin duda fueron fundamentales para que las pocas rupturas socialistas que tuvieron éxito durante el siglo pasado sobrevivieran en un entorno de hostigamiento despiadado. A su vez, como en una tragedia griega, también alimentaron las derivas más oscuras y antidemocráticas de estos experimentos.

Este error es poco probable. Resulta casi inconcebible que el ecologismo en el siglo XXI pueda liderar procesos revolucionarios que impongan, desde la violencia del Estado, fantasías siniestras de hacer un reset antropológico para construir una nueva humanidad. Solo el encadenamiento de una serie de calamidades y catástrofes colosales, que obliguen a una gestión desesperada de la vida colectiva (eso que los colapsistas gustan llamar «colapso») puede hacer verosímil esta opción. La expresión «jemeres verdes» probablemente nunca dejará de ser una caricatura ridícula de la extrema derecha. Pero la ilusión del punto cero es peligrosa no tanto por sus efectos en la política real, sino por sus efectos en la imaginación militante, que tendrá consecuencias políticas muy reales: mientras una parte del activismo ecologista siga secuestrada por el espejismo de un gran corte histórico, del que emergerán subjetividades radicalmente ecologistas, su capacidad para la hegemonía será baja.

Lo que subyace en el fondo del debate de la *tabula rasa* son apuestas diferentes sobre la naturaleza de las transformaciones sociales. Que tienen ya un largo recorrido histórico y que el ecologismo adapta a su propio léxico. Una de ellas proyecta un cambio social casi forzoso que supondrá una enmienda integral a la civilización moderna. Para esta visión el futuro es mucho más probable que se dé en forma de colapso, que no deja de ser la cara invertida del viejo mito de la revolución mesiánica. Otra apuesta, que combina a Gramsci con los mejores análisis del materialismo histórico, concibe el cambio ecologista de un modo más gradual y ambivalente. Más contradictorio, menos marcado por una supuesta ley evolutiva y más por el juego de un presente complejo con sus propias posibilidades latentes.

Estas dos visiones contrapuestas de la transición ecológica contienen su propia estrategia subliminal. Las perspectivas que nos sitúan en el umbral de una disrupción material radical son mucho más propensas a diseñar estrategias notablemente rupturistas. Que, en coherencia con el desplazamiento del mito de la revolución al mito del colapso, ya no se enuncian en retóricas insurreccionales de la toma del poder, sino en retóricas del éxodo. De la desconexión adaptativa de comunidades autárquicas frente a la ruina del mercado y del Estado. En sentido inverso, las visiones de la transición como un proceso más continuista las entendemos como un ejercicio de recombinación de elementos ya existentes con base en opciones sociales desaprovechadas. Como afirma Rendueles, la innovación institucional ecologista debe ser «coherente con la realidad capitalista y por tanto imaginable desde ella» (2016, p. 97).

Los ecologistas podemos aprender mucho de cómo los neoliberales pasaron de ser un grupúsculo de intelectuales a contracorriente, recluidos en las sombras de departamentos universitarios, a los líderes intelectuales de la transformación económico-política que decantó el siglo XX. Y cuyo fruto ha sido una mutación profunda de los mundos de vida en todo el planeta. Su victoria fue la de una reforma cultural y moral de cuarenta años de duración. Que si bien no dejó de aprovechar a su favor los momentos de *shock* y de crisis para acelerar su agenda, con la perspectiva que ofrece la distancia se ha parecido más a un ejercicio de acupuntura política que de martillazos políticos. Mucho más a una cirugía de precisión que de choque. Para ello lograron despolitizar algunos de sus axiomas económicos, remitiéndolos a espacios de gestión tecnocrática de carácter internacional: algo que quizá podríamos hacer nosotros con las emisiones de CO_2. A su vez, supieron articular muchos intereses diferentes dentro de su proyecto político. Y finalmente lograron aprovechar el descontento popular con el modelo social de posguerra (el gigantismo burocrático, la impersonalización y la alienación propia de la era fordista) para promover políticas que cambiaron las infraestructuras sociales generadoras de sentido común. Por ello, cuando gobernemos, debemos ser capaces de impulsar políticas que en materia de vivienda, protección laboral, tecnología o urbanismo generen «ecosocialismo espontáneo» tal y como hoy generan «neoliberalismo espontáneo» la ciudad, el mercado de trabajo o las plataformas digitales.

Redescubriendo una promesa incumplida: poesía y comunismo del genio

La batalla por el lujo comunal dentro de los límites planetarios tiene un tesoro de inspiración escondido en una de las más hermosas promesas incumplidas del pensamiento revolucionario: la idea de superación del arte como actividad especializada y la realización de la poesía en la vida cotidiana popular. Por supuesto, no es la única fuente de imaginación utópica a la que podemos recurrir, ni el único campo de experimentación en el que debamos incidir. El programa del lujo comunal abarcará también el deporte, las relaciones sexoafectivas, la educación o la ciencia, por señalar cuatro ámbitos que en los últimos años han proyectado utopías muy sugerentes. Lo significativo del mundo de la cultura es la amnesia que demuestra respecto a un legado utópico antiguo, rico y de alto voltaje. Es probable que esto sea otra consecuencia más de la gran derrota colectiva del siglo XX.

Partamos de dos premisas. La primera, el campo de lo que para entendernos seguiré denominando «arte», o «cultura», puede hacer una contribución relevante a la tarea del lujo comunal del poscrecimiento. Existen pocas fuentes de sentido vital más potentes que la soberanía poética y el juego simbólico en cualquiera de sus formas (plásticas, lingüísticas, musicales, corporales...). Y aunque nos hemos acostumbrado a equipar nuestra creatividad de una aparatosidad material titánica, los mismos efectos de resonancia se pueden lograr con medios sencillos.

La segunda premisa es que el espíritu participativo de la cultura popular no se ha perdido con la sociedad de masas. Al contrario: ha alcanzado un nivel de madurez que permite pensar en nuevos órdenes institucionales. Si bien el siglo XX fue el del triunfo de la industria cultural, máximo exponente de un paradigma cultural pasivo, al mismo tiempo produjo la democratización más radical de las habilidades artísticas de la historia. Hoy es especialmente certera la idea del situacionista Vaneigem de que la creatividad es la cosa mejor repartida de este mundo, porque las condiciones para jugar con ella son más universales que nunca.

De hecho, en el siglo XXI es posible una práctica radicalmente masiva de la creatividad a un nivel que las viejas vanguardias intuyeron solo de modo difuso. Han contribuido a ello avances en materia de alfabetización, instrucción pública y liberación social de tiempo, así como el abaratamiento de herramientas que facilitan el acceso a diferentes lenguajes creativos. Pensemos que, en un país como Nigeria, mientras que las líneas de teléfono fijo llegaron a su tope histórico a principios de los 2000 ofreciendo servicios al 2% de la población, la telefonía móvil ya abarca casi al 100% de los más de doscientos millones de nigerianos. Aunque las cifras varían, esta tendencia es global: hoy la mayoría de la humanidad tiene en sus manos un dispositivo con potencialidad creativa para hacer cine, radio o fotografía, y además compartirlos, algo que hace un siglo solo podía permitirse el gran capital cultural.

Es verdad que el proceso de digitalización en curso es ecológicamente problemático, ya que apunta a consumos energéticos y de recursos (agua, minerales) que pueden volverse insostenibles. Pero como ya se argumentó, existen márgenes materiales para asegurar la pervivencia de muchas conquistas de la digitalización siempre y cuando lo digital deje de ser un sector de mercado para convertirse en un bien común.

Más allá del cuerno de la abundancia digital, el número de personas en todo el planeta que dedica una parte de su tiempo y esfuerzo vital a procesos creativos, de modo profesional o por vocación, seguramente no tiene comparación con ningún momento previo. Evidentemente en términos absolutos por el crecimiento poblacional, pero también en términos relativos. Especialmente si introducimos esa variable de autonomía creativa y experimentación personal con la que el concepto moderno de arte quedó impregnado. Porque es verdad que las sociedades tradicionales eran ricas en mucho de lo que después entró a formar parte de etnografías, museos y antologías diversas bajo la categoría de arte popular: música, danza, lírica, relatos, cerámica. Pero esta creatividad, en buena medida anónima, se organizaba en un entorno de significados mucho más marcado por la repetición de patrones tradicionales que por la innovación. Ha sido el siglo XX el que ha podido socializar la aventura personal del juego simbólico, de la asimilación autotransformadora y singular del mundo, que durante buena parte de la modernidad fue un privilegio de una aristocracia selecta.

Este rasgo del mundo contemporáneo nos vuelve a conectar con esa pulsión profunda que desplegó el ala más radical del mundo artístico desde la era de las grandes revoluciones: su afán por confundirse apasionadamente con la vida cotidiana. Cuando la Comuna de París balbuceó esta intuición lo hizo precisamente con la noción de *lujo comunal* de Pottier y Gaillard, que aspiraba a fundar el arte de la nueva sociedad socialista mediante una educación politécnica y la supresión del rol del artista especializado. La elección del término lujo comunal para este libro es un guiño a estos hermosos antepasados.

Pero en el siglo XXI esta rica memoria ha quedado muy desdibujada. Por ello tiene sentido incidir en ella. Hoy nuestra época casi ha olvidado que hubo un tiempo en que se entendió que categorías como arte o literatura eran expresiones circunscritas a la modernidad capitalista, que ayudaban a reforzarla independientemente de sus contenidos progresistas o reaccionarios, y que además eran transitorias: de un modo no muy distinto a las relaciones mercantiles, la propiedad privada o el Estado, evolucionarían en otra cosa en el marco de una sociedad nueva y superior. La misma esperanza utópica fuerte que el marxismo o el anarquismo volcaban sobre la política y la economía podía ampliarse a los esquemas perceptivos, a la sensibilidad, al deseo o las diversas formas de conjugar la belleza.

Quizá lo mejor que tuvieron muchas de las llamadas vanguardias artísticas del siglo XX es que, aunque no se puedan reducir a ello, también actuaron como olas que envió la gran marea de la igualdad contra los diques estamentales y oligárquicos que bloqueaban históricamente el mundo del símbolo. Medio siglo después de que la Comuna de París forjara la idea del lujo comunal, el surrealismo llevó un paso más lejos esta embestida igualitarista al pensarse dentro del horizonte de un «comunismo del genio». Que promovió mediante procedimientos de creatividad automáticos e inconscientes como el automatismo o el azar. Habitualmente se entiende que su sentido profundo era romper ontológica y epistemológicamente con la elefantiasis racional del siglo XIX, que había conducido a la masacre de la Gran Guerra. Pero, además, de modo colateral, sus métodos dinamitaban las estructuras aristocráticas de la literatura y socializaban los medios de producción poéticos. Cuatro décadas más tarde los situacionistas se diferenciaron de los surrealistas en la intransigencia de sus planteamientos a la hora de llevar a la práctica lo que ellos llamaban la «realización del arte».

Todas estas corrientes no tenían fuertes vínculos con el socialismo solo por casualidad. Compartían la interpretación de Marx que actualmente defiende un crítico cultural como Terry Eagleton: «si el comunismo es necesario es porque no somos capaces de sentir, gustar, oler y tocar tan plenamente como podríamos», y por tanto se debe «devolver al cuerpo sus capacidades expropiadas» (2011, p. 271). Nutriendo esta visión del mundo había una concepción muy elevada de los talentos humanos potenciales (en el amor, en el juego, en el hábitat, en el sueño, en la expresión) que la revolución sabría convocar.

Por ello esta inmensa aventura conoció diferentes depresiones con las derrotas de las marejadas revolucionarias del siglo XX. La amarga victoria del surrealismo, su asimilación parcial a los códigos del mundo del arte (parcial, pues aún quedan grupos surrealistas en activo que siguen fieles a los propósitos originales del proyecto), fue fruto del reflujo de la onda expansiva de la revolución rusa. La amarga victoria del situacionismo, reflejada en una civilización lúdica que construye situaciones simuladas, holográficas, descorporalizadas, como las que millones de personas viven exclusivamente a través de los videojuegos, coincidió en el tiempo con la victoria del neoliberalismo frente a la ofensiva revolucionaria de los sesenta. Como afirmó Eugenio Castro, de todas las vanguardias que performaron el siglo XX, ha sido el futurismo el que ha cumplido su programa con mayor fidelidad. Incluso su correlato político fascista ha cobrado una actualidad inesperada.

No obstante, sigue abierto el título a mejor profecía de lo que será el siglo XXI. Pensemos que, pese a su escaso número, los revolucionarios culturales hoy copan los manuales de historia del arte, signo inequívoco de que fueron la fuerza cualitativa que orientó la evolución del campo artístico en Occidente. Es verdad que, una vez frustrada la superación revolucionaria del capitalismo, sus ideas tendieron a eclipsarse. O bien a adecuarse al chantaje de la rentabilidad como condición primaria de su existencia. Pero este repliegue puede haber sido transitorio.

Una de las paradojas más crueles que sufre el sector cultural bajo la tiranía del capitalismo es que vive muy cerca la experiencia de la abundancia comunista, pero al mismo tiempo está constreñido por un marco que la impide de raíz. En el mejor de los mundos posibles, ese en que uno podría «cazar por la mañana, pescar en la tarde y criticar después de la cena sin convertirse jamás en cazador, pescador o crítico», el sector de la cultura se convertiría en cultura sin sector, diseminada en un mundo de prácticas poéticas cotidianas cuya riqueza hoy solo hemos catado. Que el capitalismo es una economía moral de la prostitución generalizada es algo que se sufre en la actividad artístico-cultural de modo especialmente nítido.

Para que el comunismo del genio explote en toda su exuberancia y frondosidad, y en todo su potencial transformador, necesitamos victorias políticas contra la delirante falta actual de tiempo libre. Contra la escasez artificial que imponen las legislaciones de propiedad intelectual. Contra el chantaje de la precariedad existencial que impone innecesariamente nuestra organización económica. Todas son constricciones que pueden aflojarse con reformas que ya están en la diana colectiva. La distancia que nos separa de ellas es inmensa, pero a la vez pequeña: estamos a un solo ciclo de lucha victorioso de ponerlas en práctica.

«¿Genio? En este momento cien mil cerebros se conciben en sueños genios como yo y la Historia no marcará, ¿quién sabe?, a ninguno», escribía Fernando Pessoa en la voz de su heterónimo Álvaro de Campos. «¿Y por qué solo cien mil?», se preguntaba William Morris al pensar en las mayorías socialistas que debían ser convocadas a la causa de un mundo hermoso, y cuya democratización rompía por completo con la apolillada idea de artista individual. El crecimiento en número de músicos, escritoras de cuentos o muralistas, pero también de psicogeógrafos o compositoras de collages o cualquier otra forma de ejercicio poético, es perfectamente compatible con el decrecimiento de emisiones de CO_2 o el descenso de microplásticos en nuestros organismos.

Si un día llegamos a ecosocializar los medios de producción de la economía, antes habremos ecosocializado, al menos parcialmente, los medios de producción poéticos. El lujo comunal será una fiesta de creatividad, compatible con los límites planetarios, en la que todo el mundo tendrá no solo el derecho de consumir cultura (algo que cuesta tan poco que hasta el capitalismo casi ha universalizado) sino también el derecho a hacerla. Una fiesta que por supuesto no cabe imaginar solo como una extensión democrática de las viejas formas culturales (mucha más gente haciendo teatro, cine o novelas), sino también como la invención de nuevas formas de crear, de sentir, de expresar o de jugar en las que la riqueza de lo humano volverá a sorprendernos.

Transformar el mundo en la célebre interpelación de Marx. Cambiar la vida en palabras de Rimbaud. Los surrealistas quisieron hacer de estas dos consignas una sola. Esa tensión es la fuente de su magnetismo y de su grandeza más perenne. Hoy transformar el mundo pasa prioritariamente por eliminar las emisiones de CO_2, pues esta es la condición base para que el progreso siga siendo posible. Por eso, para el ecologismo transformador, descarbonizar el mundo y cambiar la vida se funden también en una misma consigna.

3. UN PROGRAMA ECOLOGISTA EXCITANTE

Una caja de herramientas bien nutrida

Vivir mejor al mismo tiempo que frenamos el caos climático y ecológico en curso es un horizonte de transformación en el que confluirán procesos e intenciones diferentes. Las grandes transformaciones no son la consecuencia directa de una sola causa. La historia nunca es la hija de una medida estrella. Ni la política eficaz puede echar raíces en el monocultivo estratégico. Las balas de plata y los relatos lineales solo existen en las películas. Los avances sociales funcionan como los ecosistemas: mediante la agregación compositiva, dinámica y un poco confusa de un montón de conflictos plurales e iniciativas distintas. Muchas de ellas, sobre el papel, parcialmente incompatibles. Cuando elevamos algún instrumento a la condición de Santo Grial del cambio lo que suele estar en juego son cuestiones microsociológicas e identitarias. Pero no un diagnóstico preciso de la realidad social, que nunca es tan simple como para dejarse abarcar por la aplicación de un solo remedio. Como afirma Rendueles, en las sociedades contemporáneas «sencillo es prácticamente antónimo de realista». Por eso toda vocación transformadora, más que agarrarse a una panacea, debe dotarse de una buena caja de herramientas «bien nutrida, sofisticada y en parte contradictoria» (2020, p. 144). La propuesta del lujo comunal dentro de los límites planetarios no será una excepción.

La agenda ecologista ya cuenta con numerosas y buenas ideas sobre qué hacer en materia de energía, agua, residuos, transporte, hábitat, alimentación o preservación ecosistémica. Considero que no es necesario detenerse en ello. Lo que se va a explorar a continuación es una caja de herramientas políticas que nos permitirá dotar al programa ecologista de un carácter excitante. Esto es, un programa ecologista de lujo comunal, que garantice condiciones para un modelo de felicidad pasionalmente superior que quepa dentro de los límites planetarios.

Esta caja de herramientas del lujo comunal puede ordenarse en tres compartimentos: instrumentos para transformar la gramática social, dispositivos para infiltrar o capturar infraestructuras institucionales y plataformas para ganar o influir en la proyección simbólica del deseo colectivo. Lo mejor que cabe esperar del lujo comunal vendrá cuando podamos intervenir de modo simultáneo y coherente en todas y cada una de estas dimensiones. Pero la caja de herramientas que necesitamos debe permitirnos también operar de modo parcial y a ritmos desiguales, que será nuestro escenario más habitual.

Por ello, en consonancia con lo defendido durante todo el libro, las herramientas de nuestra caja de intervención deben ser no solo deseables para grandes mayorías, sino también institucionalmente factibles. Y por tanto traducibles a legislaciones y políticas públicas que tengan encaje en el margen de reforma que ofrece nuestro marco jurídico. A su vez, aunque aspiren a transformar el principio de realidad económica imperante, deben ser al menos inicialmente compatibles con ella. En otras palabras, y a diferencia de la mayoría de las propuestas ecosocialistas en circulación, no podemos hacer la trampa de presuponer un gran salto revolucionario que nos ahorre la correosa tarea de negociar con lo existente para empujar sus tendencias más prometedoras y reprimidas hacia algo mejor. Pensar que en los veinticinco años que tenemos por delante para cumplir con el Acuerdo de París vamos a hacer lo que el movimiento obrero no pudo en doscientos cincuenta (superar el capitalismo) es una alucinación política tan grandilocuente como estéril.

Esto no significa que el ecologismo renuncie a la épica para adoptar un comportamiento prosaico, burocrático, esencialmente administrativo. Nada grande se ha construido nunca sin épica. Con la descarbonización no será distinto. La clave es extirpar de nuestra epopeya la ilusión del punto cero. No renunciar a expropiar el cielo, sino interiorizar que, más que por asalto, el cielo se toma mediante una guerra de posiciones salpicada de algunos esprints. Una aventura coral que tendrá tantos frentes como actores protagonistas: el institucional, propio de partidos políticos; el del temperamento colectivo («la calle»), que es el campo de trabajo de los movimientos sociales; el cultural, el mediático, el empresarial, el laboral, el académico... Las posibilidades de acción son tan exuberantes como frondosos son nuestros universos sociales. Ninguna es innecesaria. Pero todas deben confluir, de modo directo o indirecto, en aquello que permite cristalizar los impulsos transformadores en eso que separa el cambio social real de la literatura: las políticas públicas. Que, por supuesto, nunca son patrimonio exclusivo de la política institucional, aunque necesariamente esta presida siempre su concreción.

Una última consideración: a este nivel de reflexión, haremos abstracción de la compleja geometría política que implica el reparto competencial entre diferentes niveles administrativos (europeo, nacional, autonómico y local). Pero en su aplicación política real, la caja de herramientas que voy a esbozar deberá tener en cuenta las diferentes capas que se reparten el poder del Estado en nuestras sociedades.

Transformar la gramática social: tiempo, seguridad y comunidad

El enemigo más profundo de una vida buena y sostenible es la dinámica estructural que el capitalismo impone a nuestros mundos de vida. La lingüística nos proporciona un ejemplo muy intuitivo de lo que es una estructura. De hecho, el modelo de pensamiento estructural nace con la lingüística. En el día a día vivimos en un caudal complejísimo de conversaciones muy diversas. Pero más allá del habla concreta hay un orden que permanece y que genera efectos que nos permiten comunicarnos: es la gramática. Todas las sociedades poseen una especie de gramática profunda por la que diversas estructuras reproducen el campo de lo posible y de lo imposible. En la sociedad capitalista, aunque no es la única determinación estructural que nos condiciona (el patriarcado cumple otro papel fundamental), predomina una gramática basada en la acumulación competitiva a todos los niveles. Y por tanto en la aceleración permanente, el comportamiento compulsivo y la primacía de lo instrumental, que en un contexto institucional de integrismo de mercado se torna obsesión por la mercantilización y la rentabilidad. Un paquete antropológico cuyo efecto directo es una suerte de mal común extractivista, que afecta por igual a nuestros ecosistemas, nuestras relaciones sociales y a nuestra psique.

Por ello, es evidente que todo avance del lujo comunal está subordinado a conquistas mayores dentro del objetivo supremo del proyecto emancipador: arrancar espacios de libertad y autonomía a las diferentes dictaduras de la necesidad que imponen nuestras estructuras sociales. Y que en la modernidad capitalista adoptan, de modo predominante, la forma del chantaje de la rentabilidad. Sin duda, el lujo comunal se inscribe dentro de esa enmienda que el socialismo hizo al proyecto ilustrado para así culminar el ideal de la democracia: asegurar la existencia material de todos y todas como prerrequisito de la condición verdadera de ciudadanía. Ejercer nuestro derecho de autodeterminación frente al mercado. Algo que solo puede hacerse efectivo a través de una declaración multilateral de nuestras muchas otras dependencias (sociales, culturales, políticas, morales).

Aunque nuestro teatro de operaciones seguirá siendo el de una economía mixta, un híbrido entre el mercado capitalista y lo público, el agotamiento del patrón neoliberal de acumulación, cuya acta de defunción ha sido firmada por el mismo Mario Draghi, ofrece oportunidades políticas interesantes. No tanto para un retorno del Estado (el Estado nunca se fue durante el neoliberalismo, solo se volvió en contra del mundo del trabajo) sino para reorientarlo al servicio de las grandes mayorías. Este es el terreno del gran juego de la época convulsa surgida de la crisis financiera de 2008 y la pandemia del COVID-19. De modo más concreto, el florecimiento del lujo comunal dependerá de que, en este interregno poblado de monstruos, esta grieta entre un mundo que no termina de morir y otro que aún no termina de nacer, impulsemos una reforma en la gramática social que libere tiempo, ofrezca seguridad material y facilite la articulación comunitaria.

La liberación de tiempo ha adquirido, por fin, un peso central en las reivindicaciones de la izquierda.

Fue denostada durante muchas décadas por la degeneración intelectual del marxismo, que frente a la idea de Marx de superar a la clase obrera en el ser humano integral quiso proletarizar toda la experiencia humana. Pero esta aberración ideológica perdió influencia. Y hoy, en el debate público, están sólidamente asentados dos grandes objetivos de política pública que pueden suponer conquistas generacionales memorables. De las que dejan huella durante un siglo (como fueron las ocho horas, el sufragio femenino o la cobertura sanitaria): me refiero a la reducción de la jornada laboral y la renta básica universal. Ambos objetivos cuentan con el respaldo de una ingente cantidad de investigaciones que detallan tanto su viabilidad como sus beneficios potenciales. La reducción de jornada (a treinta y dos horas o cuatro días a la semana) se puede defender no solo en términos de soberanía vital, conciliación feminista, salud laboral o una modesta (pero significativa) reducción de emisiones. En algunos sectores económicos (aunque no en todos) ha demostrado ser incluso un incentivo a la productividad. La renta básica universal, en sus experimentos y pruebas piloto, ofrece resultados más ambivalentes. Pero el factor inhibidor del empleo que la inteligencia artificial y la robotización implican está provocando que incluso el pensamiento de derechas admita estudiar alguna fórmula de predistribución de recursos como seguro para garantizar un mínimo de estabilidad social. Una prueba de que a ambas medidas les está llegando su momento: un punto de madurez histórica del que podemos extraer victorias para el bando popular.

El gran problema de ambas medidas es que, al afectar a lo más básico de la estructura de costes de una economía globalizada (el trabajo), solo podrán ser desarrolladas en profundidad en el marco de cierta concertación internacional: si un país avanza mucho en cualquiera de estos campos, pero en solitario, o bien lo hará porque cuenta con un colchón de productividad muy elevado gracias a su primacía tecnológica, o bien se arriesga a quedar rezagado en la carrera que impone el mercado mundial. Esto explica que incluso allí donde gobierna una izquierda convencida de sus beneficios solo hayan conocido ensayos muy modestos. Al igual que la descarbonización, la liberación de tiempo exige un bloque histórico internacional. El ecosocialismo del lujo comunal no es tarea para un solo país.

La seguridad material como derecho es una demanda clásica de la izquierda, que en cada época y en cada lugar adopta sus reivindicaciones específicas, en función de las precariedades imperantes. Cada nación cuenta con su propia larga lista de realidades secuestradas por la privatización y el lucro, que hace que las grandes mayorías vivan con una enorme dosis de miedo innecesario. En EE. UU. lo más evidente es el sistema sanitario. En España comienza a serlo también. Pero la grieta que en 2024 genera mayor desazón en nuestros proyectos de vida, al menos para una parte creciente de la población joven, es el acceso a la vivienda. Garantizar el derecho a la vivienda mediante políticas públicas destinadas a reducir su rentabilidad especulativa y fomentar su valor de uso son parte imprescindible de la batería de reformas del lujo comunal.

Pero retejer la red de seguridad de nuestras sociedades en el siglo XXI pasa también por incluir nuevas demandas, como la seguridad climática: necesitamos legislaciones que conviertan la adaptación al cambio climático en una inversión nacional prioritaria. Todas las personas, independientemente de su posición económica, deben sentirse amparadas ante los golpes, cada vez más intensos y frecuentes, de los eventos climáticos extremos.

En cuanto a la necesidad de comunidad, que es el ingrediente base del lujo comunal, las reformas deben ir encaminadas a revertir el modo en que nuestra realidad socioeconómica, urbanística y tecnológica fomenta el aislamiento, con repercusiones nefastas tanto en lo político como en lo personal. En este campo el instrumento esencial es el urbanismo: descarbonizar las ciudades supone una oportunidad para que el espacio público gane terreno frente a la privatización de facto que supone el coche privado. Como demuestra el programa superilla de Barcelona, o el cambio emprendido hacia la peatonalización y reverdecimiento impulsado por París, calles y plazas más verdes y amigables se convierten en escenarios perfectos para una intensificación de la vida vecinal. A este primer nivel de transformación, relativamente rápido y sencillo, se le deben añadir, con una visión de medio plazo, normativas para revertir el predominio tanto de la suburbanización de chalets como del diseño arquitectónico de manzanas de viviendas cerradas entre calles inmensas, que tanto predomina en los nuevos PAUS. Debemos regresar progresivamente a un modelo urbano que riegue la experiencia de barrio: balcones orientados hacia calles arboladas, bajos comerciales, espacios y patios interbloques de uso público. Esta reforma puede encontrar su máximo rendimiento transformador si se complementa con legislaciones municipales que faciliten, por ejemplo mediante la supresión del IBI, el aprovechamiento de los bajos de los edificios no solo para comercio de proximidad, sino también para el tejido asociativo de todo tipo: sedes físicas para asociaciones deportivas, ateneos, clubes gastronómicos, locales de ensayo teatral o musical o peñas recreativas, ese fenómeno asociativo que tiene una fuerte presencia popular en nuestro país.

Conquistar infraestructuras: los palacios del pueblo climáticos

Los logros legislativos que en las próximas décadas podamos obtener en liberación de tiempo, seguridad climática o urbanismo procomunidad requieren puntos de apoyo concretos dispersos por todo el territorio. Esto es, una constelación muy diversa de núcleos vertebradores de experiencias de lujo comunal. Necesitamos espacios físicos próximos que, como hacen los arrecifes de coral con la biodiversidad marina, permitan sostener personas y proyectos reunidos alrededor del disfrute de las nuevas posibilidades de libertad y de goce que logremos ganar a la acumulación. Lugares que sirvan para ejemplificar, canalizar y dinamizar la potencia social desbloqueada por la nueva ola de derechos adquiridos.

Y antes de obtenerlos, para impulsar las reformas que necesitamos del modo más eficaz: produciendo anhelos y demandas que no se alimenten de ideología sino de ejemplos que puedan ser vividos en primera persona. En otras palabras, el lujo comunal ecologista exige leyes, pero también infraestructuras. De hecho, toda guerra de posiciones que no sea también una conquista de trincheras infraestructurales está condenada a fracasar.

Además, la toma de infraestructuras cumple un papel esencial en el refuerzo realista de nuestros vínculos comunitarios. El neoliberalismo ha desertificado nuestro suelo social. Regenerarlo con plantaciones de convivencia requiere viveros que puedan proteger y cuidar nuestras semillas comunitarias mientras echan raíces en un entorno hostil. Esto significa lugares físicos. Pero también el apoyo público para profesionalizar su mantenimiento cotidiano. Y una importante rebaja de las barreras administrativas de acceso a las instalaciones. Solo así podrán ser masivamente usados por las más diversas iniciativas promovidas por personas no militantes, que tendrán un compromiso comunitario inicialmente bajo y además poca tolerancia a la burocracia.

Uno de los problemas crónicos de los espacios activistas que hoy intentan jugar este rol son sus fuertes exigencias en términos de tiempo, dedicación o afinidad ideológica. Un peaje que está muy por encima de las pocas horas libres de que dispone el adulto medio. Pero también de las inclinaciones afectivas de una subjetividad marcada por los hábitos de consumo neoliberales, que han masificado un tipo de carácter humano aerodinámico, acostumbrado a obtener lo que quiere sin apenas fricción. A su vez, las instalaciones públicas repelen a mucha gente que no desea formalizar una asociación, ni verse enredada en los papeleos propios de las cesiones de uso, las subvenciones o los convenios. Las infraestructuras del lujo comunal deben combinar la gratuidad y el propósito de la okupa de barrio o la casa municipal de la cultura pero con la accesibilidad del centro comercial, el bar o el gimnasio.

La idea de palacios del pueblo, de Eric Klinenberg, nos remite a esta función social básica que cumplen hoy espacios como bibliotecas, parques, escuelas, polideportivos, iglesias o huertos comunitarios, cuyo elemento común es producir y sostener relaciones personales entre gente muy distinta. Una de las metas prioritarias del lujo comunal es fomentar este tipo de espacios, que le servirán de armazón físico. Además, en términos estrictamente ecológicos, por ejemplo por su capacidad para optimizar la refrigeración, estos palacios del pueblo son lugares predilectos para construir refugios climáticos: sitios que permitan a mucha gente sobrellevar las crecientes olas de calor en un contexto confortable en el que además desarrollar actividades divertidas o enriquecedoras.

Una de las particularidades de España, como afirmaba Mario Gaviria (Gaviria y Perea, 2015), es que somos un país supradotado en equipamientos. Un efecto colateral positivo de la euforia inmobiliaria de principios de los 2000. De hecho, aunque esta realidad puede variar geográficamente, la red de nuestros palacios del pueblo opera por debajo de sus posibilidades por la falta de presupuesto, de iniciativas o de permeabilidad. Por tanto, el partido del lujo comunal ecologista no tiene que imponerse la tarea de levantar la infraestructura material de su aventura colectiva: basta con conquistarla. Una misión que es fácil de imaginar porque esta enorme masa de dotaciones ya está parcialmente infiltrada, en sus plantillas laborales, por las células durmientes de nuestro bloque histórico. Solo hace falta un par de leyes y un par de iniciativas políticas para activar estas células. Me refiero, por un lado, a la infraestructura del sistema nacional de educación obligatoria. Por el otro, a la miríada de edificios vinculados a instituciones culturales que dependen del presupuesto público. Y que tendrán un papel estratégico en la difusión del comunismo del genio como eje de resonancia popular.

Los colegios e institutos, que alcanzan la totalidad del territorio nacional, son espacios privilegiados para inaugurar palacios del pueblo climáticos. Una reorientación que puede verse favorecida porque está alineada con unos contenidos curriculares que ya se han tomado la crisis climática en serio. Los siguientes pasos a dar no son imposibles de imaginar: el marco legislativo debe canalizar inversiones que faciliten, por ejemplo, tejados solares que funcionen como comunidades energéticas barriales. También que sus instalaciones (como patios, teatros o gimnasios) supongan un espacio abierto y climáticamente confortable para el disfrute de la ciudadanía. Y por supuesto nuevas ofertas de empleo público, para que cada colegio o instituto cuente con el personal necesario para prestar servicios fuera del horario y el calendario escolar (un perfil que puede combinar el trabajo de bedel y de dinamizador sociocomunitario). Además, por el tipo de sensibilidad que alimenta la vocación del profesorado, no es imposible que una parte de él (quizá minoritaria, pero cualitativamente importante) se comprometa activamente en el proceso.

El papel de la toma de los centros culturales para convertirlos en palacios del pueblo climáticos será políticamente menos extensiva pero más intensiva. Existe ya una fascinante reflexión al respecto. El investigador Pablo Martínez reclama un museo eco-social «que sea antes internacionalista que internacional, que apueste por lo local sin ser provinciano y que se resista a incrementar la lista de sus artistas internacionales, de sus ponentes estrella, de sus trabajadoras a bajo coste. Que apueste por lo sencillo y que renuncie, en definitiva, a todos los indicadores que hasta ahora medían su éxito» (2020). Esto es, un museo donde lo ecologista tenga más que ver con dar cobertura a un grupo de montaje de videoclips para adolescentes del vecindario que con una exposición de un gran artista internacional sobre el antropoceno.

En la misma línea va la propuesta de Jaime Vindel, que sugiere replantear los museos como herramientas convivenciales en el sentido de Iván Illich. Una mutación que desmantele el sistema de arte global para escapar del «efecto Guggenheim», que pone el museo a trabajar para la gentrificación y la turistificación, y los convierta en instituciones «de proximidad», al servicio de «los requerimientos culturales y las necesidades del tejido artístico de las áreas o ciudades en que se ubican». Las implicaciones no serían pequeñas: «Es razonable que a nivel nacional nos podamos permitir un Museo Reina Sofía (que no tendría por qué estar localizado en Madrid). Pero el resto de museos deberían aspirar a ser, a lo sumo y a mucha honra, museos de barrio» (2020).

Los situacionistas del siglo XX fantaseaban, muy masculinamente, con funcionar como la guerrilla cubana. Y con un puñado de hombres decididos, tomar la UNESCO en un *putsch* cultural que cambiaría el mundo. Los que nos sentimos herederos de sus objetivos, pero discrepamos de su retórica maximalista, tenemos otras tareas: hackear la red de instituciones culturales existentes para potenciar un comunismo del genio de kilómetro cero. Que involucre a cientos de miles de personas en una experiencia nueva de felicidad y riqueza: la del juego simbólico, que dejará de ser un coto de sorpresas exclusivo de los artistas profesionales. De lo que se trata es de disponer de espacios cercanos para que muchos miles de personas descubran el placer de la creación cultural. Y los otros muchos miles de *amateurs* que ya lo han descubierto lo compartan y lo potencien.

El modo en que la ley puede facilitar esta operación tiene que ver, de nuevo, con presupuestos y directrices. La importante operación de redistribución de riqueza que hemos de impulsar para que la transición ecológica sea justa puede ayudar a fortalecer con inversión pública el muy precarizado sector de la cultura. Especialmente precario en provincias, periferias, ciudades medianas y mundo rural. Y hacerlo además con la directriz condicional de que una parte de esos presupuestos se dediquen a proyectos que tengan una dimensión activadora del arte popular colindante. Algo a lo que, por otro lado, una parte del mundo de la cultura ya es muy propicia. Y aunque en esta conquista infraestructural la cuestión ecológica es secundaria, y lo primario es regenerar vínculos a través de la socialización de los medios de producción poéticos, estos palacios del pueblo pueden convertirse también en refugios climáticos durante el verano, desarrollar huertos urbanos permanentes en sus azoteas, o impulsar clubs de paseo urbano como alternativa divertida al turismo de larga distancia.

Influir en el deseo colectivo: focos de irradiación ecosocial

Ni la transformación de la gramática social ni la proliferación de palacios del pueblo climáticos podrán funcionar a pleno rendimiento si, en paralelo, no logramos disputar los contenidos de la proyección colectiva del deseo. Una tarea para la que enfrentamos dos obstáculos importantes, pero no irresolubles.

El primero es que, como analiza Jorge Moruno, la izquierda ha regalado lo aspiracional al enemigo. Sin embargo, lo aspiracional es el combustible de toda hegemonía. Si en el reparto de los afectos la izquierda se queda con la defensa del deber moral, o la movilización del miedo al desastre (sea el miedo al fascismo o al colapso ecológico) y la derecha con la aspiración a ser mejores, como mucho la izquierda podrá lograr un empate en el último minuto del partido. Pero nunca ganará. De hecho, muchos de los deseos que hoy alimentan las pulsiones de la moda anarcocapitalista, como la libertad de elección o hacerse millonarios invirtiendo en criptomonedas, no son más que nuestros deseos de rechazo al trabajo y nuestro reclamo de autonomía individual, pero canalizados de un modo siniestro: mediante la fuga personal combinada con psicopatía. Este resultado ha sido fruto de nuestra incomparecencia ideológica. Pero puede revertirse si dedicamos tiempo e inteligencia a crear las imágenes aspiracionales que confundan la transición ecológica con nuestro propio éxito biográfico.

El segundo obstáculo es que el deseo es un campo de trabajo minado para esa parte de nuestros dispositivos de poder que Gramsci llamaba sociedad política (el Estado). Por su naturaleza, es un terreno mucho más propicio para la acción de lo que, por seguir con terminología gramsciana, llamaríamos sociedad civil. Los deseos populares no pueden ser prescritos por un ministerio. Pocas cosas serían más contraproducentes para la causa del poscrecimiento que una suerte de realismo ecosocialista, que utilizara un arte oficial para adoctrinarnos ecológicamente.

Si en el resto de herramientas de nuestra caja de intervención las políticas públicas tienen un papel central, en este compartimento son más colaterales. La iniciativa del cambio aspiracional debe provenir de una amplia producción de anhelos, proyecciones, estéticas seductoras, imágenes desiderativas y pulsiones libidinales cuya condición de éxito es que tengan un halo de autenticidad, que el sello del Estado desdibuja. El magma del que surgirán estas innovaciones simbólicas estará conformado por una mezcla de ingenios proveniente de movimientos sociales, de los sectores del arte, la cultura y los medios de comunicación, y de alguna manera oscura, pero no del todo inaprovechable, también de la publicidad. El movimiento activista solar punk, por ejemplo, está logrando contrarrestar con su futurismo *do it ourselves* una estética ecologista hasta ahora demasiado marcada por una suerte de neocarlismo agrario, que por mucho que se romantice es poco sexy para el sentido común dominante. Para que nuestros carriles bici se llenen en un futuro próximo quizá sea necesario que la bicicleta se convierta antes en un elemento de estatus por parte de los ecopijos que se pueden permitir hacer uso diario de ella. El esfuerzo de la industria de la carne vegetal por volver sus productos realmente sabrosos está haciendo más por la adopción de dietas veganas de lo que podría hacer cualquier campaña del Ministerio de Consumo.

Esto no significa que el Estado se ausente de este proceso: al final la sociedad política y la sociedad civil están tan imbricadas que toda distinción tajante entre ambos mundos es tosca. Pero este papel debe ser sutil. De alguna manera, los focos de irradiación ecosocial, que sirvan para proyectar en los imaginarios colectivos los deseos del lujo comunal sostenible, tienen que hacer su llave de judo con un sentido común marcado por las fobias de la antipolítica.

Con todo, hay posibilidades. Los contenidos de la televisión pública, o las subvenciones que el mundo de la cultura recibe para desarrollar productos audiovisuales, se ven influenciados por cierta sensibilidad de época que el Estado puede y debe fomentar. Cada gobierno imprime su signo ideológico al respecto, un turnismo que está normalizado como parte de la alternancia democrática.

Yendo más allá podríamos imaginar que igual que el *New Deal* de Roosevelt involucró a los artistas estadounidenses en sus agencias estatales (Vindel, 2023), el Pacto Verde Europeo podría hacer lo propio. Y destinar fondos para que artistas y creadores de contenido de toda Europa experimentasen, mediante un programa generoso de becas y residencias, con las imágenes, los diseños, las narrativas y los ejemplos que puedan volver la descarbonización un objeto irresistible de deseo. Quizá esta *Agencia de la belleza ecosocial*, más que orientarse a la intervención directa, podría hacer un trabajo más básico de creación de un fondo de recursos de todo tipo, liberados en acceso abierto, que después fuera usado y empleado por diferentes creadores de contenidos.

Que el rol de esta agencia fuese indirecto y que operase a escala europea minimizaría, al menos en la opinión pública nacional, las previsibles acusaciones de injerencia propagandística del gobierno. Aunque seguramente ayudaría a polarizar todavía más el clivaje del clima en una Europa en la que el negacionismo crece en paralelo al auge de la extrema derecha. Y aquí enfrentamos un problema que ningún pensamiento utópico que quiera ser también político tiene el derecho de esquivar: el problema del cómo.

¿Descarbonización cómo? Un baile en tres tempos

El ecologismo no ha sido un movimiento caracterizado por su imaginación utópica. Pero tampoco es exacta la caricatura que lo presenta como un erial. Si bien es mucho más propenso a las pesadillas diurnas que a los sueños diurnos, estos no son inexistentes. En los últimos años ha dedicado esfuerzos importantes a compensar este déficit. Sin embargo, el punto débil real del ecologismo no es tanto la falta de imaginación programática (el qué hacer) sino la falta de capacidad estratégica para implementarlo (cómo hacer). Por eso, nuestra lista de medidas tiene que ir acompañada de algunas anotaciones provisionales sobre cómo convertir el lujo comunal del poscrecimiento en un objetivo mínimamente factible.

El propósito del poscrecimiento no se reduce a la descarbonización de la economía. Aunque esta es central, si la descarbonización no viene asociada con una reducción más integral de otros impactos materiales, el resto de límites planetarios sobrepasados seguirán comprometiendo peligrosamente nuestro futuro. Pero la desestabilización atmosférica sí es el frente de amenaza más urgente, el que presenta un patrón de impactos más dañinos, globales e irreversibles, y el que ya ha conocido una notable atención política. Por eso, pensar la pregunta del cómo a través de la descarbonización puede ayudar a aterrizar el programa utópico del lujo comunal en la política real.

La descarbonización está atravesada por tres grandes tensiones políticas, que se solapan y al mismo tiempo son independientes: que sea efectiva en el poco margen temporal que disponemos; que sea justa, repartiendo esfuerzos de modo proporcional a las capacidades, a la responsabilidad histórica y que proteja además a los sectores más vulnerables; finalmente, está también en juego la mejora o el empeoramiento de la posición relativa de un país o región en el futuro de una economía sin carbono.

La primera de estas tensiones delimita un enemigo claro: un capitalismo marrón que se resiste a morir, y que en su intransigencia está conociendo una rápida mutación hacia un fascismo fósil (Malm y Zetkin, 2024). Un bloque histórico cuyo núcleo material fuerte son los intereses de los petroestados, de las grandes empresas petroleras o gasísticas, así como industrias y sectores obligados, por imperativo climático, a reconvertirse o desaparecer. Lo que los une es la defensa de la fuente de sus privilegios, así como blindar el retorno de sus inversiones, que corren el riesgo de convertirse en activos varados. Diversos estudios apuntan que cumplir con el Acuerdo de París implicará una descapitalización tan colosal que solo puede ser comparada con la abolición de la esclavitud (algo que en los EE. UU. solo pudo ser efectivo tras una guerra civil).

Pero la capacidad de movilización de este bloque desborda a los perdedores directos del trastorno económico en curso: como los combustibles fósiles atraviesan el conjunto de nuestra vida cotidiana (desde la alimentación al transporte pasando por el hábitat o el viaje), la alianza en defensa del capitalismo marrón está encontrando muchas bolsas de apoyo. En ellas converge el rechazo a los esfuerzos que la descarbonización implica, que se perciben como una carga extra sobre vidas ya extenuadas. Y también alineaciones simbólicas y compromisos puramente identitarios: la defensa de la carne, del coche o de los paisajes tradicionales como valores amenazados por el globalismo ecologista.

La extrema derecha, negacionista en lo climático y capitaneada por Trump, es la terminal política de este bloque histórico en el mundo occidental. Su crecimiento en la última década ha sido espectacular y muy preocupante, teniendo en cuenta que dos de los fenómenos que la alimentan (la presión migratoria y la descarbonización) apenas han mostrado su potencial desestabilizador. Considerando que la extrema derecha es el útero de las peores pulsiones exterministas de nuestro siglo, subestimar su poder es el mayor error que el ecologismo en particular, y las fuerzas democráticas en general, podrían cometer. Lo que nos obliga a admitir que estamos situados en una especie de momento frentepopulista climático. Que durará, al menos, lo que dure la conversión de la descarbonización en una tendencia tecnológica irreversible y lo que tardemos en conjurar la amenaza regresiva contra la democracia. Es difícil imaginar que esta zona de turbulencias pueda durar menos de una década.

El problema es que un momento de frentepopulismo climático dificulta avanzar en la segunda línea de tensión a disputar: la de la transición ecológica justa. La redistribución real de riqueza exige gobiernos de izquierdas mucho más fuertes de lo que parece que al menos Europa puede dar de sí, donde la izquierda es una familia política que lleva décadas electoralmente a la baja. El sueño húmedo del momento populista de los 2010, cuando fantaseamos repetir en el norte global las gestas nacional-populares de países como Argentina, Brasil o Bolivia, no se ha cumplido. Lo que nos empuja a negociar la descarbonización con fuerzas que no tienen ningún interés en priorizar la justicia social.

La posibilidad de superar esta contradicción está en cómo sepamos sacar partido a la tercera de las tensiones políticas de la descarbonización: su capacidad para condicionar el futuro de un país, del mismo modo que lo condicionó en el siglo XIX el ferrocarril o las desamortizaciones, y en el siglo XX la política industrial y científica.

Un cambio de tanto calado histórico como la reorganización de la matriz energética global repartirá de nuevo la baraja de los ganadores y los perdedores comerciales e industriales del sistema mundo. Por ejemplo, como defiende de modo verosímil Daniel Pérez (Pérez, 2023), la península ibérica podría convertirse en una superpotencia renovable si se orienta hacia ello con decisión e inteligencia. Esta podría ser la oferta con la que atraer a los sectores ideológicos poco proclives a la redistribución de riqueza a hacer concesiones en términos de justicia. La descarbonización justa es una garantía de descarbonización rápida porque elimina las fricciones que provoca la percepción de desigualdad. La velocidad es, a su vez, una condición tanto para acceder a los triunfos del mundo sin carbono (zanahoria) como para protegernos de los peligros geopolíticos de la dependencia de los combustibles fósiles (palo). Y es que una descarbonización lenta socava nuestra autonomía estratégica, nuestra seguridad nacional, y nos vuelve vulnerables a las operaciones de desestabilización de petroestados fuertes. Como ha ocurrido con Rusia tras la invasión de Ucrania y seguramente vuelva a ocurrir con unos EE. UU. gobernados por el aislacionismo de Trump.

Este juego a tres bandas no es un esquema especulativo. De hecho, casi todas las victorias que ha cosechado o bien el ecologismo o bien el bando popular en Europa en el último lustro, desde el aumento de la ambición climática a la rebaja generalizada del precio del transporte público, han hecho uso de esta geometría variable en la construcción de hegemonía. Una estrategia que nos ha permitido, a la izquierda ecologista, influir en el curso de las cosas un poco por encima de nuestro peso electoral. La traducción del programa del lujo comunal del poscrecimiento operará, al menos durante una década decisiva, dentro de los márgenes tácticos que impone esta danza política en tres tiempos.

CODA. UN BALANCE AL FINAL
DEL CORTÍSIMO SIGLO XXI

Las últimas páginas del libro son un ejercicio de ficción especulativa: una ponencia en un congreso imaginario, que me gustaría leer en el año 2051, en la que se hace balance de cómo estamos en vías de superar la tragedia climática. Su título, *Un balance al final del cortísimo siglo XXI*. En ella, además de plasmar lo que el lujo comunal podría dar de sí, también entro en debate con los imaginarios utópicos que aún son predominantes en el ecologismo.

...

Buenas tardes, y muchas gracias por la invitación. Es un verdadero placer poder compartir esta retrospectiva del medio siglo de transición ecológica que hemos vivido. Y hacerlo justo en esta fecha, 18 de marzo del año 2051, cuando se cumplen 180 años de la proclamación de la Comuna de París. No solo porque la idea central de mi conferencia nos remite a ella, el lujo comunal, también porque frente a la ortodoxia radical defiendo que este feo trabalenguas de la Economía Ecosimbiótica, que hace más de quince años que alinea las políticas europeas en coordenadas poscrecentistas, es una reformulación del viejo programa ecosocialista con otro nombre. Parcial e incompleta, sin duda, porque continuamos viviendo en una economía mixta. Pero, aunque siga existiendo trabajo asalariado y acumulación de capital, estas instituciones ya no tienen el monopolio definidor de la vida personal ni de la colectiva que llegaron a tener. De alguna manera, estos debates me recuerdan a los que tuve hace treinta años, cuando junto a amigos como Héctor Tejero o Xan López reivindicamos el término *Green New Deal*, cuya amarga victoria nadie niega ya que supuso el primer paso firme hacia la descarbonización. Siempre fui de los que creyeron que el socialismo es mucho más un camino lleno de sorpresas que una meta prefijada. Por eso me parece bonito conectar nuestra trayectoria con la de la Comuna, el primer efímero gobierno socialista del mundo.

Fue precisamente en el año 2019, el año en que el término *Green New Deal* se puso de moda, cuando tomé la célebre distinción de Hobsbawm entre siglo XIX largo y siglo XX corto, y empecé a hablar del «cortísimo siglo XXI» para anticipar nuestro dilema histórico con las siguientes palabras: «A mediados de siglo habremos cruzado el Rubicón ecológico: o una sociedad reintegrada en los límites de la biosfera o la descomposición catastrófica de la civilización industrial». Al borde de la primavera del año 2051, el ecuador de este siglo ha quedado atrás. ¿Cuál es la evaluación? Como suele suceder con todas las dicotomías, el resultado final siempre se pospone un poco más sin terminar de resolverse. Pero creo que se puede afirmar con rotundidad que las cosas han salido bastante mejor de lo que soñábamos incluso los más partisanos del ecologismo cálido, en el sentido de Ernst Bloch.

Como es sabido y celebrado, hace más de un lustro que Europa ha alcanzado la neutralidad climática. Las emisiones globales aún no han desaparecido, pero están ya en menos de un quinto de las de 1990. Del mismo modo, las noticias que llegan del Ártico invitan a un moderado optimismo respecto a los bucles de retroalimentación climática que nos alarmaron en los veranos boreales de hace dos décadas. Y todos conocemos ya por filtraciones los resultados del decimosegundo informe del IPCC: probablemente, la temperatura global solo aumente 1,7 ° sobre la era industrial en el 2100 y a partir de ahí se estabilice. Quizá luego logremos hacerla descender, al margen de la polémica entre captura natural regenerativa o captura artificial de carbono, en la que no entraré.

Sé que los compañeros más revolucionarios argumentan que 1,7 ° sigue siendo demasiado.

Que el nivel de sufrimiento social innecesario ha sido y seguirá siendo alto. Especialmente si adoptamos la moral biocéntrica que tanta fuerza tiene entre los más jóvenes. Sé que, en otros muchos frentes, como la destrucción de biodiversidad, hay menos que celebrar. Pero con todo lo que queda por hacer, el resultado es impresionante. Definitivamente, gracias a las energías renovables hemos descarbonizado el mundo. Y lo hemos hecho sin involución tecnológica ni regresión social.

No voy a detallar los grandes acontecimientos que nos han traído hasta aquí, y que ya han sido tratados profusamente por otros ponentes de este Congreso: el Verano del Terror y las grandes movilizaciones posteriores de aquel otoño de 2028, el papel descarbonizador de los bancos centrales, el Pacto de las Islas Salomón, por el cual China y los EE. UU. post-Trump establecieron las reglas de una nueva Guerra Fría en todo menos en el clima (lo que conformó eso que dos autores visionarios a principios del siglo XXI, Mann y Wainwright, llamaron «el Leviatán Climático»), el éxito de la propuesta de deuda por clima que impulsó el camarada presidente Gustavo Petro...

Mi intención es centrarme en cómo el lujo comunal del poscrecimiento hizo eso a lo que aspiraba Rimbaud con la poesía: cambiarnos la vida. Mi tesis es que la vida cotidiana es hoy sin duda mucho mejor que hace treinta años. Creo que el contraste vital dentro de una misma generación solo es comparable al de nuestros abuelos, que pasaron del trabajo infantil en la pobreza rural a jubilarse en la plétora de la sociedad de consumo urbano. Y todo en el arco de una sola vida. Pero el final de nuestra película biográfica creo que es mucho más feliz. Voy a evaluar todos estos cambios históricos a la luz del ejemplo concreto de mi ciudad, Móstoles. Y lo haré entrando en diálogo con mis ideas de juventud, próximas al decrecimiento más radical.

Entre los años 2015 y 2017, el colectivo ecologista en el que yo militaba, el Instituto de Transición Rompe el Círculo, desplegó un proyecto de anticipación visionaria decrecentista. Se llamaba *Será una vez Móstoles 2030*. Visto desde hoy, sin duda fue una especulación exagerada: las cosas no fueron tan rápido como para que en 2030 Móstoles hubiera cambiado tanto. Además, en esa época participábamos de una idea de transición marcada por unos imaginarios de empobrecimiento drástico. Un marco que a la postre resultó tremendista.

En aquellos días de mi juventud fantaseábamos con un Móstoles que hubiera perdido la mitad de su población por el repoblamiento agroecológico del mundo rural. Con cortes de luz programados de ocho horas diarias y edificios semirruinosos, como los de La Habana de principios de siglo que yo conocí en mi doctorado. Con un uso masivo de bicicletas. Con bulliciosas y confusas asambleas barriales... Con una ciudad en la que el gobierno confederal de la República Ibérica estaría realizando una inversión millonaria en el desoterramiento de un antiguo riachuelo que atravesaba la ciudad. En este Móstoles que imaginábamos los huertos proliferarían por todos los rincones. Y el Parque Agroecológico Metropolitano, situado en las afueras, sería tanto la fuente de empleo principal como la llave de nuestra seguridad alimentaria.

Hoy Móstoles es una ciudad que no ha perdido población a pesar de la madurez demográfica de nuestras sociedades y del trasvase de población al mundo rural, que existe pero está siendo mucho menos drástico. Esto es posible gracias a la política de fronteras abiertas para refugiados climáticos que lleva en curso más de una década. Tampoco nos hemos empobrecido energéticamente: la energía solar ha permitido estabilizar el nivel de consumo de principios de siglo, totalmente libre de carbono, pero con un nivel de eficiencia muy superior. Y los edificios no solo no están semiderruidos sino que han conocido un proceso de rehabilitación impresionante. En cuanto a los huertos, es verdad que estos son parte habitual del paisaje urbano. Y que el sector primario periurbano ha dejado de ser anecdótico para ser un sector comercial importante, aunque no el motor económico ni alimentario de la ciudad. En este sentido, nuestra proyección acusaba las influencias de la ideología colapsista, tan de moda aquellos años, donde el futuro solo podía imaginarse como un derrumbe ruralizante. En lo que sí acertamos fue en la fuerte reducción del automóvil privado, que ha dado lugar a plataformas de alquiler de coches eléctricos y mucho transporte público. En el auge impresionante de los bienes comunes, analógicos y digitales. En la economía del compartir. Y sobre todo, acertamos hasta quedarnos cortos, en eso que en la época yo llamaba lujosa pobreza, y hoy todos nombramos como lujo comunal.

En este sentido, en el Móstoles que fabulamos la combinación de seguridad material y empobrecimiento energético había sobreexcitado la actividad creativa de la sociedad: hamacas públicas, yincanas que duraban meses, escenas musicales vibrantes, nuevas tribus urbanas como las ascéticas órdenes mendicantes laicas (y sus hijos rebeldes, los dandis descalzos, que se peleaban con sus padres defendiendo un hedonismo desenfrenado de proximidad), plazas para hacer hogueras por la noche y contar historias de miedo, nuevos fenómenos simbólicos extravagantes, como la división de la ciudad en dos bandos a raíz de un referéndum sobre el animal heráldico de la ciudad (vaca o velociraptor), en una suerte de patafísica popular desplegada en todo tipo de competiciones absurdas... Supimos anticipar la llegada del lujo comunal. Pero su riqueza de formas y contenidos desbordó nuestra imaginación utópica más febril.

Trazar una cartografía antropológica del lujo comunal en sus prácticas concretas es una tarea imposible. Daré solo algunos trazos, y me detendré más en aquello por lo que siento debilidad.

El rearme de los lazos comunitarios, conservando los mejores logros del liberalismo, ha sido el epicentro de esta enorme transformación. La soledad no deseada, que llegó a ser un problema psicológico de salud pública, es en 2051 un fenómeno casi erradicado. Hoy nadie imagina su vida sin estar inserta en tramas familiares y de amistad extensas, sólidas y diversas, de las que sentir orgullo de pertenencia, y que sostienen el discurrir del tiempo en buena compañía. Pero a diferencia de las comunidades tradicionales, estas no son rígidas, no promueven la homogeneidad, ni censuran la herejía ideológica o sexual. Por el contrario, la cultivan.

Aquí el ecofeminismo jugó un papel esencial con dos contribuciones. Primero, nos introdujo a los hombres, sin vuelta atrás, en el mundo de los cuidados. Pero además lo hizo sin romantizarlos: nadie niega que por muy necesario que sea, cuidar es una actividad extenuante. Por ello, nuestras políticas públicas han sido tan favorables a crear una red donde lo público y lo común se unen para hacer del cuidado una responsabilidad social y no solo familiar, que al ser llevadera es placentera.

No quiero dejar de destacar que nuestras comunidades son lo contrario a un espacio de reacción social. Uno de los efectos más fascinantes de todo lo que está pasando es que la gente no se reúne hoy alrededor de lugares comunes, frases hechas, estereotipos fáciles o silencios incómodos. La gente se aglutina mediante lenguajes íntimos y significados muy afinados, construidos en alta complicidad. La extrema diversidad antropológica del mercado capitalista no se ha disuelto. Al revés, se ha potenciado. Pero esta no se reproduce comprando y vendiendo nada. Se reproduce compartiendo tiempo, hoy tan abundante, con los seres queridos. En cada ciudad que visito, en cada casa a la que soy invitado, en cada espacio de trabajo, lo que descubro es algo que antes solo se dejaba entrever, muy de vez en cuando, en algunos grupos humanos privilegiados: la magia del duende colectivo. Todo el mundo parece profundamente inspirado y brillante en aquello que comparte con su gente. Todo el mundo parece jugar en el *dream team* de alguna obsesión mágica: por aquí un bosque fósil del carbonífero en una vieja mina de carbón; por allá un club de *bossa nova*; en otro sitio el humor negro de los antiguos países socialistas, la cerveza casera, la astronomía, los paisajes musicales, la invención de lenguas, historiografía paralela o teologías especulativas creadas con inteligencia artificial, los botijos, la numerología, o el aislamiento térmico de las casas. Hoy todos poseemos cinco o seis pasiones compartidas, extremadamente específicas, que nos hacen sentir acogidos por lo más fértil de la idea de hogar. Y aunque ni mucho menos hemos vivido el retroceso tecnológico que el ecologismo colapsista auguraba, algunas de nuestras pasiones colectivas tienen que ver con el placer de cubrir necesidades sin depender del mercado: bio-construcción, agroecología familiar o ropa artesana. Que conviven con células solares, drones y robots de juguete, en esta fascinante hibridación de lo nuevo y lo viejo que el movimiento *solar punk* supo anticipar.

De toda esta innovación cultural el rasgo más previsible, el que mejor anticipó la vieja utopística ecologista (pienso en Ecotopía, de Ernest Callenbach), es la biofilia. Hoy el disfrute del sentimiento de naturaleza y su belleza tremenda no es una aventura de fin de semana para domingueros. Es un matrimonio consolidado. En Ferrol, donde ahora vivo, la observación de las migraciones estacionales de aves marinas, las lluvias de estrellas fugaces o simplemente el temporal de turno se han convertido en un espectáculo tan masivo y atrayente como los buenos estrenos de cine. El déficit de naturaleza en los niños se ha corregido hasta en el propio currículum escolar: las experiencias al aire libre, que en nuestra época solo se tenían en excursiones puntuales o campamentos estivales, hoy son parte de su educación integral. Los buenos resultados se ven ya desde los más pequeños. Por ejemplo, sorprende cómo mis nietos Ibai y Sálvora, con menos de diez años, conocen la flora y fauna de la zona de un modo que a principios del siglo XXI solo estaría al alcance de alguna licenciada en biología. Aprendo de ellos a diario. Y me gusta acompañarlos, cuando el cuerpo me lo permite, en las acampadas astronómicas que hacen con sus amigos, especialmente en verano. Les he convencido, inspirándome en una idea del *Será una vez Móstoles 2030*, para diseñar mapas de constelaciones alternativas. Y tejer juntos relatos que den forma a sus mitos infantiles. Juego con ellos a ser una especie de viejo gurú surrealista. De momento me hacen caso, aunque pronto reclamarán su intimidad.

Y hablando de surrealismo, qué magnífica ha sido, para un tipo con vocación de surrealista extemporáneo como yo, la democratización efectiva del talento artístico, a la que tanto ayudaron nuestros palacios del pueblo climáticos. Aquí es donde la especulación del Móstoles 2030 se quedó más corta. Si esto que estamos viviendo hoy en todas partes no es el comunismo del genio que preconizaban Breton y sus amigos, ¿qué lo sería? La conversión de la creatividad en un terreno comunal no especializado y sin derechos de propiedad es una fuente inagotable de vigor cultural. Y no solo hablo de los centenares de miles de grupos de música, de los más diversos géneros, que han florecido las últimas décadas. O de los múltiples escritores de novelas, poemas, pintores o escultores. O del hecho de que no haya un barrio sin una compañía *amateur* de teatro o cine. Todo esto ya estaba en ciernes a finales del siglo XX. Hablo de que, hasta el culto a los propios sueños, o las derivas por el entorno cercano, y no hay nada más surrealista y situacionista que eso, están cada vez más generalizadas.

Resulta especialmente divertido ver cómo grupos de unas y otras ciudades compiten por generar bromas creativas de gran alcance, que no se diferencian tanto del delirio ese de velocirraptores contra vacas con el que fantaseábamos en Móstoles, como la última de aquellas chicas de Zamora y la falsa alarma de las anacondas. Y hablando de situacionismo, aunque siempre defendí que la industria del videojuego fue una suerte de «amarga victoria del situacionismo», hoy disfrutamos de videojuegos grandes e increíbles programados colaborativamente en código abierto. Pero es además fascinante cómo los juegos de mesa han cogido el testigo de esta pulsión lúdica, y de un modo tan creativo: hoy no hay familia o grupo de amigos que se precie que no haya inventado un juego de mesa a la altura de sus anécdotas y pasiones.

Esta especie de realización situacionista-provinciana del arte no me pilló por sorpresa. Al menos a mí, que la deseé con tanto ahínco. Pero lo que sin duda nos cogió desprevenidos a casi todos los ecologistas fue la explosión masiva del deporte. ¿Cómo no lo vimos venir? ¡El fenómeno *Decathlon* y todas sus derivas estaba cargado de buenas noticias ecologistas! Hemos superado los tics propios del principio del siglo XXI. Por ejemplo, la demanda de tecnoequipación, con esas ropas de laboratorio y esos artilugios ridículos que recopilaban datos bioquímicos. También el turismo deportivo de larga distancia, del que aquella foto del Everest saturado de alpinistas fue un signo grotesco de algo que iba fundamentalmente mal en nuestra civilización. Y hemos de admitir que la contribución, en estabilidad sociológica y calidad de vida, de la práctica radicalmente masiva del deporte ha sido mucha. Las ligas de base, en ciudades y pueblos, de los más diversos deportes, muchos incluso nuevos y extravagantes, son algunos de los acontecimientos sociales más vibrantes que marcan nuestros calendarios. Los datos del CIS apuntan que casi un 85% de la población es deportivamente activa. Y aunque seguimos teniendo estrellas del fútbol y del baloncesto, el carisma de Cristina Costa o Mario Luque no se pueden comparar al influjo hipnótico y psicológicamente vampírico que ejercían Messi o Cristiano Ronaldo a principios de siglo. Cada vez quedan menos ídolos mediáticos. Pero los buenos ejemplos, cercanos y accesibles, se multiplican.

Seguramente sea esta masificación del deporte, unida a una dieta mucho menos cárnica, un ambiente menos tóxico, y el mantenimiento de nuestros sistemas públicos de salud, donde no se escatiman esfuerzos científicos y presupuestarios, lo que nos ha permitido alargar la esperanza de vida hasta rozar la centuria. Las predicciones agoreras de algunos amigos sobre la mortandad masiva en el siglo XXI han resultado afortunadamente erradas.

Otro factor de felicidad colectiva ha sido la erotización de la vida cotidiana. La revolución sexual del siglo XXI, nuestro «giro bonóbico» como lo ha llamado la antropóloga Lucía Gándara, es una especie de maravillosa síntesis hegeliana. Somos una sociedad muchísimo más promiscua, en la que se folla mucho más y mucho mejor, con mucha más empatía, más complicidad, más disposición lúdica y deseos menos condicionados por los patrones estéticos de la publicidad o los arquetipos gestuales del porno comercial. Pero a la vez el compañerismo amatorio es mucho más sólido. Las parejas de amigos que se aman, ¡incluso los matrimonios!, vuelven a proliferar y duran mucho más tiempo, sentando los cimientos de todo tipo de familias que ya no resultan asfixiantes. Qué diferencia con la sexualidad neoliberal compulsiva de la era Tinder. Qué distancia más hermosa respecto a eso que Santiago Alba Rico llamaba un mundo de solteros, sueltos, solos, incapaces de enamorarse, que se nos descubre ahora como narcisismo bulímico para la interacción de soledades desconsoladas. Me viene a la cabeza un viejo tema de Nacho Vegas que escuchaba en la época del 15M y comparo. Hoy, en las noches de luna llena, los hombres y las mujeres lobo se entregan más que nunca a sus orgasmos más salvajes y sus fantasías más retorcidas.

Pero cuando amanece ya no se mueren de pena, como cantaba la canción.

Qué reconfortante ha resultado comprobar que no hay incompatibilidad entre hedonismo y sostenibilidad. El verdadero *carpe diem*, el de Horacio, que llamaba a disfrutar con gratitud de los dones sencillos de cada día, está sustituyendo a ese *carpe diem* adulterado que se convirtió en el lema oficial de la sociedad de consumo. Los rasgos monstruosos que conocimos en el hedonismo de la Gran Aceleración se debían a que este estaba enfermo de acumulación capitalista. El movimiento *Placer Kilómetro Cero* (que se parece tanto a eso que yo imaginaba en el *Será una vez Móstoles 2030* con el nombre de dandismo descalzo) es una de las contraculturas más masivas e interesantes que han surgido estos últimos años. Sus ramificaciones son inmensas: destaco la sutileza de nuestra gastronomía, que crece en progresión geométrica. Como la gente tiene mucho más tiempo, no hay evento social que no esté acompañado de comida deliciosa, vino y licores caseros, frutos de la huerta que recuperan variedades autóctonas casi extinguidas con matices de sabor extraños. Si existiera un sensualómetro que pudiese medir sensaciones en variedad e intensidad, esta red anónima de reciprocidad tejida con recetas estaría dejando en ridículo el mercado de la cocina de autor de principios de siglo.

Esta pequeña relación de los rasgos más destacados del lujo comunal, sin ser nueva, ilumina nuestros éxitos. Por debajo del choque de placas tectónicas geopolíticas que sigue dominando la historia hay otra guerra más importante que terminará decantando la primera. Una guerra asimétrica por el sentido de la vida, que además estamos ganando desde dentro de todos los imperios en liza. Europa hace mucha propaganda de tiempo libre per cápita, donde somos campeones tras la reciente adopción de la jornada laboral de veinticuatro horas, apenas veinte años después de generalizar la de treinta y dos horas. Pero nuestro *soft power* apenas ha explotado el argumento que me parece definitivo: casi ha desaparecido el consumo masivo de ansiolíticos y antidepresivos que caracterizaba a una sociedad como la española (especialmente en su lado femenino) hace menos de treinta años.

Voy terminando. Y lo quiero hacer en tono personal. Hoy miro a mis nietos pequeños, Ibai y Sálvora, y siento algo que jamás pensé que podría sentir a estas alturas. Toda la vida me ha atormentado su juicio generacional. Tener que responder ante sus reproches por el mundo destruido que les dejábamos. Sin embargo, sinceramente, los veo crecer en este casi ecosocialismo de nombre tan feo, entre estos dones del lujo comunal, y siento algo parecido a envidia sana. ¡Quién tuviera quince o veinte años hoy! Siguiendo con los versos de *El tiempo de las cerezas*, ya que estamos celebrando la Comuna, veo que las muchachas de hoy tienen muchísima más locura en la cabeza y los enamorados de hoy muchísimo más sol en el corazón del que tuvimos nosotros. Cuando dudo y me angustio, y todavía hay muchas razones para angustiarse, me agarro a su alegría tan nueva. Y sé que lo van a hacer mucho mejor de lo que nosotros lo hicimos.

REFERENCIAS

AMERY, Carl (2002). *Auschwitz, ¿comienza el siglo XXI? Hitler como precursor,* Turner/ FCE.

BASTANI, Aaron (2020). *Comunismo de lujo totalmente automatizado*, Levanta Fuego.

CHARBONNIER, Pierre (2020). *Abondance et liberté. Une histoire environnementale des idées politiques*, La Découverte.

EAGLETON, Terry (2011). *La estética como ideología*, Trotta.

FRASE, Peter (2020). *Cuatro futuros*, Blackie Books.

GAVIRIA, Mario y PEREA, José María (2015). *El paraíso estancado*, La Catarata.

GARCÍA, Ernest (2021). *Ecología e igualdad*, Tirant Lo Blanch.

GRAMSCI, Antonio (1999). *Cuadernos de la cárcel*, Tomo 5, Ediciones Era / Benemérita Universidad Autónoma de Puebla.

HALL, Stuart (2018). *El largo camino de la renovación*, Lengua de Trapo.

KLINENBERG, Eric (2022). *Palacios del pueblo. Políticas para una sociedad más igualitaria*, Capitán Swing.

LÓPEZ, Xan (2025). *El fin de la paciencia*, Anagrama.

MALM, Andreas y ZETKIN (2024). *Piel blanca, combustible negro*, Capitán Swing.

MARTÍNEZ, Pablo (2020). *Notas para un museo por venir*. CTXT. En línea. Disponible en:

https://ctxt.es/es/20200501/Culturas/32354/Pablo-Martinez-arte-ministerio-pandemia-covid-19centros-de-arte-ecologismo-queer.htm

MARTÍNEZ, Rubén (2024). *El ecologismo de los ricos (III). Unir a la clase trabajadora y la clase climática*. Crític. En línea. Disponible en: https://www.elcritic.cat/opinio/ruben-martinez/lecologismedels-rics-iii-unir-la-classe-treballadora-i-la-classe-climatica-208470

MUMFORD, Lewis (2011). *El pentágono del poder*, Pepitas de Calabaza.

PARRIQUE, Timothée (2019). *The Political Economy of Degrowth*, Tesis Doctoral, Université Clermont Auvergne/ Stockholms universitet.

ROSA, Hartmut (2015). *Aceleración*, Katz.

ROSA, Hartmut (2019). *Resonancia. Una teoría de la relación con el mundo*, Katz.

ROSS, Kristin (2016). *Lujo comunal. El imaginario político de la Comuna de París,* Akal.

RENDUELES, César (2016). *En bruto. Una defensa del materialismo histórico*, Catarata.

RENDUELES, César (2020). *Contra la igualdad de oportunidades. Un panfleto igualitarista*, Seix Barral.

SANTIAGO, Emilio (2016). *Rutas sin mapa. Horizontes de transición ecosocial*, Catarata.

VINDEL, Jaime (2020). *Convivencialidad e instituciones culturales. CTXT.* En línea. Disponible en: https://ctxt.es/es/20200601/Culturas/32600/museos-cultura-jaime-vindel-convivencialidad-illichcrisis-coronavirus.htm

VINDEL, Jaime (2023). *Cultura fósil. Arte, cultura y política entre la Revolución industrial y el calentamiento global*, Akal.

EMILIO SANTIAGO MUÍÑO

Nació en Ferrol, en 1984. Es doctor en Antropología y científico titular del CSIC, en una plaza de investigación en antropología climática. Activista ecosocial, fundador del Instituto de Transición Rompe el Círculo. Ha sido docente en la Universidad Autónoma de Madrid, la Universidad de Zaragoza y en el Programa de Estudios Independientes del MACBA de Barcelona. Entre 2016 y 2019 fue director técnico de Medio Ambiente del Ayuntamiento de Móstoles. Actualmente es responsable de investigación científico-social y relaciones académicas del Instituto Meridiano.

Es autor de numerosas publicaciones sobre crisis y transición ecológica, entre otras, *Rutas sin mapa* (Premio de Ensayo Catarata, 2015), *Opción Cero. El reverdecimiento forzoso de la Revolución Cubana* (2017), *¿Qué hacer en caso de incendio? Manifiesto por el Green New Deal* (2019), coescrito con Héctor Tejero, *Contra el mito del colapso ecológico* (2023) y *Psicogeografía del ahí* (2025).

¿ES POSIBLE?

Esta colección, asociada al premio «Utopías que caben en el BOE», está formada por libros breves, con propuestas políticas capaces de aunar un conocimiento técnico solvente, imaginación utópica y una capacidad propositiva no exenta de polémica. Son fantasías concretas, humildes propuestas: ¿qué pasaría si los niños pudieran votar?, ¿cómo sería un mundo que racionara los viajes turísticos?, ¿qué resultados daría un sistema universitario en el que un cupo de plazas no se diera por nota de corte, sino por sorteo?

Este libro está compuesto con la tipografía
Untitled Serif, tamaño 10,5 pt.
Se terminó de imprimir en los talleres de Kadmos
en julio de 2025.

Consorcio del Círculo de Bellas Artes